AbiturKompressor Geschichte

ABITURKOMPRESSOR GESCHICHTE ... EINMAL DURCHARBEITEN UND DAS THEMA VERSTEHEN!

Konzeption und Texte von Victor Woska

Band 1

Mit dem Pflichtmodul

»Amerikanische Unabhängigkeit –
American Revolution«

in konkreter Verbindung mit den Kernmodulen

»Krisen, »Revolutionen« und »Modernisierung«

und dem Wahlmodul

»Die Krise der spätmittelalterlichen Kirche und die Reformation«

Gymnasiale Oberstufe Geschichte

Niedersachsen

Bibliografische Information der Deutschen Nationalbibliothek:
Die Deutsche Nationalbibliothek verzeichnet diese Publikation in der Deutschen Nationalbibliografie; detaillierte bibliografische Daten sind im Internet über dnb.dnb.de abrufbar.

© 2021 Victor Woska
Satz, Herstellung und Verlag: BoD – Books on Demand, Norderstedt
ISBN: 978-3-7534-2499-6

Inhalt

Zielsetzung und Gebrauch des AbiturKompressors Geschichte

Der AbiturKompressor Geschichte soll dabei helfen, Geschichte in der Oberstufe nicht als »(Auswendig-) Lernfach« zu verstehen, sondern als Fachwissenschaft, die ähnlich der Naturwissenschaften allgemeingültige Theorien und Modelle auf konkrete Ereignisse und Prozesse anwendet und sie damit erklärt und beurteilt.

Der AbiturKompressor Geschichte soll in erster Linie bei der Arbeit in der gymnasialen Oberstufe in Niedersachsen dienen. Das Werk soll einen schnellen und unkomplizierten, aber dennoch fachlichen und kompetenzorientierten Zugriff auf das Thema des ersten Semesters bieten. Die Besonderheit des AbiturKompressors Geschichte besteht im Vergleich zu anderen Themenheften oder zu Lernvideos in der durchgängigen und direkten Verknüpfung der fachlichen Inhalte des Pflichtmoduls »Amerikanische Unabhängigkeit – American Revolution« und des Wahlmoduls »Die Krise der spätmittelalterlichen Kirche und die Reformation« mit den Theorien und Modellen der Kernmodule »Krisen«, »Revolutionen« und »Modernisierung«. Damit bietet der AbiturKompressor den geschichts-methodischen Ansatz in den Anforderungsbereichen I bis III, der im Unterrichtsgespräch und in den entsprechenden Klausuren die eigentliche Herausforderung darstellt.

In Niedersachsen wird in jedem Semester des Oberstufenunterrichts im Fach Geschichte ein sogenanntes Kernmodul bearbeitet. Dieses jeweilige Kernmodul beinhaltet stets allgemeine und für die Geschichtswissenschaft zentrale Theorien und Modelle. Das Kernmodul des ersten Semesters beinhaltet Theorien und Modelle zu den Themen »*Krise*«, »*Revolution*« und »*Reform*« sowie »*Modernisierung*«. Die entsprechenden Theorien und Modelle bieten dabei Kriterien, mit denen konkrete historische Prozesse – aktuell im Abiturjahrgang 2021 im Rahmen der »Amerikanische Revolution« – als *Krise, Revolution, Reform* oder *Modernisierung* beurteilt werden können.

Die zentrale Aufgabe im ersten Semester der gymnasialen Oberstufe besteht also darin, die Theorien und Modelle zu den Themen »*Krise*«, »*Revolution*« und »*Reform*« sowie »*Modernisierung*« auf konkrete Ereignisse und Prozesse im Rahmen der Themen »Amerikanische Unabhängigkeit – American Revolution« (Pflichtmodul) und »Die Krise der spätmittelalterlichen Kirche und die Reformation« (Wahlmodul) anzuwenden. Kurz um: Man sollte sich bei der Erarbeitung dieser Themen bei jedem einzelnen Erarbeitungsschritt fragen: »Was hat das mit einer *Krise*, einer *Revolution*, einer *Reform* oder einer *Modernisierung* zu tun?« Die Voraussetzung für diese Vorgehensweise ist natürlich, genau zu verstehen, was hinter den einzelnen Theorien und Definitionen konkret steckt. Die Lehrbücher für den gymnasialen Oberstufenunterricht in Niedersachsen bieten daher Theorien und Definitionen verschiedener führender Wissenschaftler. Im Folgenden erfolgt eine allgemeine und zusammenfassende Darstellung der zentralen Inhalte der jeweiligen Themengebiete, die je nach Schwerpunktausrichtung im Oberstufenunterricht noch vertieft und erweitert werden können:

1. Begriffsklärung – »Was bedeutet im Geschichtsunterricht eigentlich ...?«

1.1. Der Begriff »Krise«

Der Begriff *Krise* wird in der Geschichtswissenschaft eingesetzt, um historische Situationen und Prozesse zu erklären oder zu beurteilen, an deren Ende der Wechsel von einem »alten, vorherigen« System zu einem zumindest »veränderten« oder gar »völlig neuen« System steht. *Krisen* stehen daher auch oft im direkten Zusammenhang mit *Modernisierung*sprozessen. In der Geschichtswissenschaft gibt es jedoch nicht die eine maßgebliche Definition der »Krise«, mit der sich alle Einzelfälle allumfassend erklären oder beurteilen ließen. Um eine historische Situation oder einen historischen Prozess als *Krise* zu charakterisieren, können aber u.a. folgende Kriterien aus der aktuellen Wissenschaftsdebatte herangezogen werden:

- **Dysfunktionalität**[1]:
Ein System funktioniert in der bisher gewohnten Art und Weise nicht mehr.

  - Religion:
Das bisher bestehende religiöse Konzept einer Gesellschaft funktioniert nicht mehr, da bspw. neue Vorstellungen und Überzeugungen die Sicht der Gläubigen auf bisher bestehende Glaubensgrundsätze verändern. Weiterhin können Missstände in religiösen Institutionen oder ein den Grundsätzen der Religion widersprechendes Verhalten der entsprechenden Kirchenvertreter zu einer Krise führen.

---

1   *Der Begriff »Dysfunktionalität« aus der Definition »Krise« von Rudolf Vierhaus.*

- Politik:
  Das bisher bestehende politische System wird zumindest von Teilen der Bevölkerung nicht mehr angenommen und akzeptiert. Gründe dafür können Missstände in der bisherigen Art und Weise der politischen Machtausübung und vor allem das ausbleibende Bemühen, diese zu beseitigen, sein. Aber auch die Zielsetzung bestimmter Gruppen der Gesellschaft, künftig an politischen Entscheidungsprozessen mitzuwirken, um ihre Interessen in diese mit einzubringen, kann zu politischen Krisen führen. Solche Interessen beziehen sich oft auf die Verteilung von Vermögen (u.a. Besitzverhältnisse, Steuern) oder Privilegien (u.a. Freiheitsrechte).

- Wirtschaft:
  Die gewohnten Prozesse zur Gewinnung und Herstellung von Rohstoffen, Nahrungsmitteln oder Produkten sowie die Umstände und Regeln zu deren Vertrieb und Verkauf funktionieren nicht mehr. Das kann z.b. daran liegen, dass klimatische Veränderungen die bisher betriebene Arbeit in der Landwirtschaft stark erschweren und uneffektiv oder zu hohe Zölle bzw. Steuern den Vertrieb und Verkauf bestimmter Waren unprofitabel machen.

- *Intensität:* Die in einer *Krise* lebenden Menschen erleben eine sich deutlich von ihrem bisherigen Alltag unterscheidende Situation, die sie zu völlig neuen Formen des Denkens und Handelns veranlasst.

- *Komplexität*: Eine Krise besteht erst dann, wenn nicht nur in einem Bereich der Gesellschaft (z.B. Religion) eine *Dysfunktionalität* vorliegt, sondern gleichzeitig in mehreren Bereichen (z.B. noch zusätzlich in den Bereichen Politik und Wirtschaft). Die Herausforderung in einer Krisensituation besteht dann darin, gleichzeitig mehrere Probleme zu beheben, die oft auch noch miteinander verbunden sind.

- **Verlauf:** Eine *Krise* lässt sich als historischer Prozess genau beschreiben. D.h. können die bisher beschriebenen Kriterien (Dysfunktionalität, Intensität und Komplexität) in einer historischen Situation nachgewiesen werden, liegt an dieser Stelle der Beginn (1) der *Krise* vor. Der weitere Verlauf der *Krise* kann sich zu einem benennbaren Höhepunkt steigern (2), bevor die Situation durch eine entsprechende Krisenlösungsstrategie (z.B. Reform, Revolution) beendet (3) werden kann.
  Krisen sind grundsätzlich angespannte Situationen, die auch eskalieren können und dann für alle Beteiligten eine hohe Gefahr darstellen. Die Entscheidung darüber, wie sich der Verlauf einer Krise gestaltet und welche weiteren Folgen er mit sich bringt, ist dabei offen und kann u.a. vom Zusammenwirken zahlreicher Umstände oder sogar vom Zufall abhängen.
  Auch die Geschwindigkeit, mit welcher der Prozess einer Krise abläuft, kann variieren: Es kann einerseits zu langen Verzögerungen oder sogar rückläufigen Entwicklungen kommen, andererseits kann die Entwicklung der Krisensituation sprunghaft voranschreiten.

1.2. Die Begriffe »Reform« und »Revolution«

Krisen können entweder auf friedliche und diplomatische Weise aufgelöst werden (z.B. durch Reformen) oder auf radikale und gewaltsame Weise (z.B. durch Revolutionen). Ähnlich wie bei der geschichtswissenschaftlichen Begriffsklärung der »Krise« ist auch bei den Begriffen »Reform« und »Revolution« die Benennung einer allgemeingültigen Definition schwer möglich. Auch hier soll die Zusammenstellung zentraler Charakterisierungskriterien als Leitfaden dienen:

- **Reform:**
  Reformen sind Maßnahmen, die zur Beseitigung von Missständen (*Dysfunktionalität*) in entsprechenden Bereichen einer Gesellschaft (z.B. Religion, Politik, Wirtschaft) und damit zum Ende einer

*Krisen*situation führen sollen. Reformen gehen meist von den Vertretern des »alten« Systems aus. Sie wollen damit radikalere und gewaltsame *Krisen*lösungsstrategien (z.B. eine *Revolution*) vermeiden, welche die Beseitigung des »alten« Systems und deren Vertreter zu Folge hätte. *Reformen* stellen demnach Maßnahmen dar, die zwar innerhalb eines bestehenden gesellschaftlichen Systems zu Veränderungen führen, die bestehenden Strukturen aber im Wesentlichen erhalten.

- *Revolution:*
Revolutionen sind zwar ebenfalls Maßnahmen, die zur Beseitigung von Missständen in entsprechenden Bereichen der Gesellschaft und damit zum Ende einer Krisensituation führen sollen, doch unterscheiden sie sich im Weiteren maßgeblich von der Reform:

  - 1. Zielsetzung: Eine Revolution führt gezielt zu einer grundsätzlichen Veränderung und völligen Neuordnung der gesellschaftlichen Verhältnisse. Um dieses Ziel auch nachhaltig umsetzen zu können, erfolgt nach der Absetzung oder Auflösung der alten Strukturen der Aufbau völlig neuer Strukturen. Dies geschieht z.B. durch die Schaffung neuer staatlicher Institutionen und Ämter, aber auch durch die Etablierung neuer Werte und Normen sowie Handlungs- und Denkweisen. Soll z.B. nach dem Sturz eines Königs (Monarchie) das Volk an politischen Entscheidungsprozessen beteiligt werden (Demokratie), muss u.a. ein Parlament (Institution) geschaffen werden, in dem die Volksvertreter ihre politischen Positionen austauschen und diskutieren (Denk- und Handlungsweisen) können.

  - 2. Träger der Revolution: Die Idee zu einer Revolution entsteht meist im Rahmen eines kleinen akademischen Kreises (z.B. Professoren oder Studenten an Universitäten, aber auch hochrangige Vertreter von Politik, Religion und Wirtschaft). Diese elitären Kreise besitzen die notwenige Fachkompetenz, um Missstände in der Gesellschaft nicht nur wahrzunehmen, sondern auch Handlungsmöglichkeiten zur Lösung des Problems vorzulegen. In aller Regel tauschen sich diese Fachleute zunächst in Form von Programmschriften oder bei Zusammenkünften über konkrete Inhalte aus. Wird das Vorgehen dieser akademischen Kreise für die bestehenden Machthaber zu gefährlich, nutzen diese meist ihre exekutive Gewalt und verhindern eine weitere Ausbreitung der revolutionären Ideen (z.B. durch Inhaftierung, Exil oder auch Hinrichtungen).

An dieser Stelle ist für den Erfolg einer Revolution entscheidend, ob es gelingt, große Teile der Bevölkerung für die revolutionäre Sache zu gewinnen. Dabei spielen Verlustängste eine entscheidende Rolle. Demnach sind es v.a. die Menschen des gesellschaftlichen Mittelstandes, die in Krisensituationen ihre Situation als nicht mehr tragbar wahrnehmen und oft auch für ihre Kinder keine positive Perspektive mehr erkennen können. In diesem Fall können Menschen existenzielle Ängste erleben und ihre Revolutionsbereitschaft kann aktiviert werden. Hierbei zeigt sich auch deutlich der offene Charakter einer *Krisen*situation. Zudem teilt sich die Bevölkerung oft in eine »gemäßigte« und »radikale« Gruppe. Während die Gruppe der »Gemäßigten« eher im Sinne einer Reform eine Kompromisslösung mit den Vertretern des alten Systems anstrebt, setzen die Anhänger der radikalen Gruppe im eigentlichen Sinn einer Revolution auf eine völlige Entmachtung der Vertreter des alten Systems und streben die bereits angesprochene Neuordnung der Gesellschaft an.

- 3. Mittel zur Umsetzung revolutionärer Ziele: Da die alten Machthaber in der Regel über die exekutive Gewalt in Form von Polizei oder Heer verfügen und diese auch entsprechend nutzen, um eine revolutionäre Bewegung einzudämmen oder zu unterdrücken, kann ein tiefgreifender gesellschaftlicher Umbruch im Sinne der Revolutionäre meist nur mit dem Einsatz von Gewalt herbeigeführt werden (z.B. Bürgerkrieg, Straßenschlachten usw.). Dabei spielt die Kontrolle über öffentliche Räume und

Plätze eine maßgebliche Rolle: Kontrolliert die revolutionäre Bewegung z.B. Marktplätze oder andere zentrale Räume des gesellschaftlichen Lebens, hat sie hier die Möglichkeit, weitere Teile der Öffentlichkeit über ihre Zielsetzung in Kenntnis zu setzen und möglicherweise für sich zu gewinnen. Gelingt den Revolutionären dies nicht und bleiben öffentliche Räume und Plätze unter der Kontrolle des »alten« Systems, verfügt dieses über die Möglichkeit, anti-revolutionäre Stimmung zu verbreiten, indem es z.B. die bisher nicht beteiligten Bevölkerungsteile für sich gewinnt und mobil macht. Außerdem kann die Kontrolle z.B. über Regierungsgebäude oder andere Symbolorte eine starke Wirkungskraft entfalten.

Mit der zunehmenden Medialisierung und noch mehr mit der Digitalisierung der Gesellschaft scheint sich die Bedeutung gewaltsamer Auseinandersetzung im öffentlichen Raum im Verlauf einer Revolution in Bereiche wie z.B. das Internet verlagert und damit relativiert zu haben. Jüngste Ereignisse wie z.B. in den USA die Ausschreitungen um die Bewegung »Black lives matter« und der »Sturm auf das Kapitol in Washington« am 6. Januar 2021 mit zahlreichen Verletzten und mehreren Toten zeigen jedoch eine andere Tendenz auf.

1.3. Der Begriff »Modernisierung«

(mit hauptsächlicher Orientierung an der Modernisierungstheorie von Hans-Ulrich Wehler)

Die fachwissenschaftliche Debatte um den Begriff *Modernisierung* stellt sich äußerst komplex und an einigen Stellen sogar widersprüchlich dar. Für die Arbeit in der gymnasialen Oberstufe soll dieser umfangreiche wissenschaftliche Diskurs auf folgende Kriterien zum Begriff »Modernisierung« reduziert werden:

1. Um grundlegende Veränderungen in einer Gesellschaft mit Hilfe des Begriffs »*Modernisierung*« erst einmal grundsätzlich zu strukturieren und zu verstehen, kann eine Unterscheidung in »*traditionale*« und »*moderne*« Gesellschaftsformen vorgenommen werden.

2. Diese zunächst sehr einfache Gegenüberstellung von *traditionaler* und *moderner* Gesellschaft muss jedoch u.a. in folgender Weise differenziert werden:

- Innerhalb einer Gesellschaft können gleichzeitig *traditionale* und *moderne* Verhältnisse bestehen: So entstand mit der amerikanischen Unabhängigkeitsbewegung die erste demokratische Verfassungsform der Welt (→ *modern*), doch gleichzeitig wurden in diesem Land Bevölkerungsgruppen ausgegrenzt und versklavt (→ *traditional*).

- Innerhalb einer Gesellschaft können Modernisierungsprozesse auch wieder aufgehoben werden und aus *modernen* Gesellschaftsverhältnissen gehen *traditionale* Gesellschaftsverhältnisse oder Mischformen hervor: Nachdem in der Weimarer Republik 1919 die erste Demokratie auf deutschem Boden gegründet wurde (→ *modern*), wurden mit der Errichtung der NS-Diktatur 1933 diese Errungenschaften weitgehend wieder aufgehoben (→ *traditional*).

- Die Entwicklung von *traditionalen* zu *modernen* Gesellschaftsverhältnissen muss nicht grundsätzlich und vollumfänglich als positiv bewertet werden. *Moderne* Gesellschaftsverhältnisse bringen oft Folgeerscheinungen mit sich, die für die betreffende Gesellschaft sofort oder auch mit zeitlichem Abstand teils erhebliche Probleme darstellen. So wird die industrielle Revolution im 19. Jh. im Bereich Wirtschaft als sehr erfolgreicher *Modernisierungsprozess* bewertet. Gleichzeitig brachte diese Entwicklung für viele Menschen soziale Verelendung und sozialen Abstieg, da sie als Arbeitskräfte nicht mehr benötigt wurden. Zudem stellen uns die mit der Industriellen Revolution verbundenen Klimabelastungen aktuell vor große Herausforderungen.

3. Für die Gesellschaftsbereiche Religion, Politik und Wirtschaft lassen sich die *Traditionale* und die *Moderne* u.a. mit diesen Kriterien beschreiben:

Religion

traditional:
→ kirchliche Dogmatik bestimmt und organisiert weitgehend das gesellschaftliche Leben; v.a. Bildung und Wissenschaft
→ Monopol der Kirche auf Wissen und Bildung
→ enge Verbindung zwischen Kirche und Regierung

modern:
→ kaum bis keine Einflussnahme kirchlicher Dogmatik auf das gesellschaftliche Leben
→ freier Zugang zu Bildung und Wissenschaft
→ kein Einfluss der Kirche auf die Regierung

Politik

traditional:
→ kaum bis keine rationale Legitimation von Regierung; meist nur durch Gewalt und religiöse Einschüchterung
→ kaum bis keine Kontrolle und Einschränkung von Herrschaft; z.B. uneingeschränkte Alleinherrschaft eines Königs
→ kaum bis keine verbindliche Festschreibung von Recht; Auslegung des Rechts (z.B. strenge oder milde Strafen) liegt im Ermessensspielraum der jeweiligen Person (→ keine Rechtsgleichheit)
→ kaum bis keine politische Teilhabe der Gesellschaft; Großteil der Gesellschaft ist weitgehend rechtlos und unfrei
→ stark ausgeprägte Hierarchien und gesellschaftliche Differenzierung

	→ kaum bis keine soziale Mobilität (z.B. Ständegesellschaft)
modern:	→ rationale Legitimation von Herrschaft; v.a. durch Zustimmung des Volkes (v.a. Volkssouveränität, Wahlen)
	→ Kontrolle und Einschränkung von Herrschaft (u.a. Gewaltenteilung; Zeitliche Beschränkung von Regierungsperioden; föderale Strukturen)
	→ festgeschriebene Rechte (z.b. Verfassungstext); Auslegung des Rechts erfolgt ohne die Einbringung persönlicher Neigungen nach formaler Vorlage (→ Rechtsgleichheit)
	→ hohes Maß an politischer Teilhabe der Gesellschaft; Gesellschaft besitzt umfangreiche Freiheitsrechte, die es ermöglichen unbefangen an politischen Entscheidungsprozessen mitzuwirken
	→ gesellschaftliches Gleichheitsideal
	→ hohes Maß an sozialer Mobilität

Wirtschaft	
traditional:	→ agrarische Subsistenzwirtschaft
	→ geringes Maß an Produktivität
	→ Großteil der Gesellschaft lebt von niedrigen bis sehr niedrigen Einkommen (Armut)
modern:	→ ausdifferenzierte und technologisierte Wirtschaft
	→ hohes Maß an Produktivität; v.a. durch den Einsatz effizienter Technologien
	→ Großteil der Gesellschaft lebt in wirtschaftlich gesicherten Verhältnissen (kaum Armut)

2. Nur kurz zum Einstieg: Ein geographischer Überblick über die Besiedlung Nordamerikas durch die Europäer im 16. und 17. Jh.

Erste Siedlungsversuche in Nordamerika:

- skandinavische, isländische und grönländische Seefahrer (sogenannte »Wikinger«) legen etwa im 10. Jh. erste Siedlungen in Nordamerika an

Spanische Siedlungen in Nordamerika:

- erste spanische Erkundungsfahrten (1513 und 1565) landeten im heutigen Florida

- setzen sich dort gegen bereits siedelnde Franzosen und indigene Stämme durch

- Gründung der ersten europäischen Siedlung überhaupt im Jahr 1565: St. Augustine

- Von dort aus erfolgte eine weitere Ausdehnung des Siedlungsgebietes v.a. Richtung Mittel- und Westamerika

- Verbreitung des katholischen Glaubens

vereinfachte Darstellung: Territorium der spanischen Kolonien (z.T. auch nur zeitweise)

Französische Siedlungen in Nordamerika:

- Ausgangspunkt: Gründung der Kolonie Kanada mit der Siedlung Quebec 1608

- Aufbau eines Handelsstützpunktes für Pelz- und Fellhandel

- weitere Ausdehnung v.a. Richtung Süden bis zum Golf von Mexico

  √ Kontrolle über fruchtbare Gebiete v.a. an den Flusstälern

  √ Zudem stellten die großen Flüsse in den zunächst weitgehend unerschlossenen Territorien zentrale Verkehrswege zur Beförderung von Waren (v.a. Pelze und Felle, aber auch Holz) aus dem Norden in den Süden dar.

√ Kontrolle über zahlreiche Bodenschätze (z.B. große Kohlevorkommen nördlich des Ohios)

- Verbreitung des katholischen Glaubens

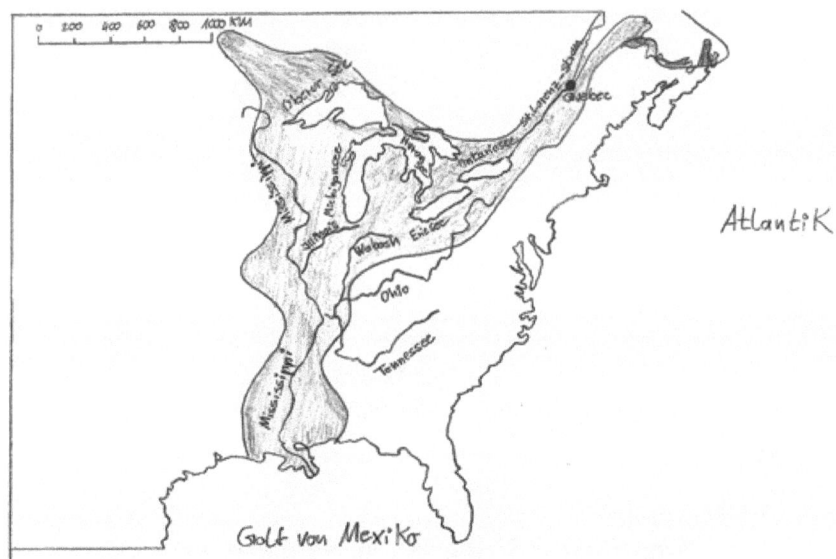

vereinfachte Darstellung: Territorium der französischen Kolonien (z.T. auch nur zeitweise)

Britische Siedlungen in Nordamerika:

- erste dauerhafte Siedlung der Engländer: Jamestown (1607) in der Kolonie Virginia

- Gründung erfolgte durch eine Handelsorganisation (Virginia Company of London)

- wirtschaftlich sehr erfolgreiche Entwicklung der Kolonie

- Ausdehnung des Siedlungsgebietes entlang der nordamerikanischen Atlantikküste nach Norden und Süden durch die Gründung weiterer Kolonien und Entstehung weiterer Wirtschaftszentren: u.a.

  √ große Eisenerz- und Silbervorkommen

  √ viel Holzbestand

  √ Anbau von v.a. Tabak, Baumwolle, Reis und Indigo

- Verbreitung des puritanisch-calvinistischen Glaubens (vgl. ausführlich S.44 ff.)

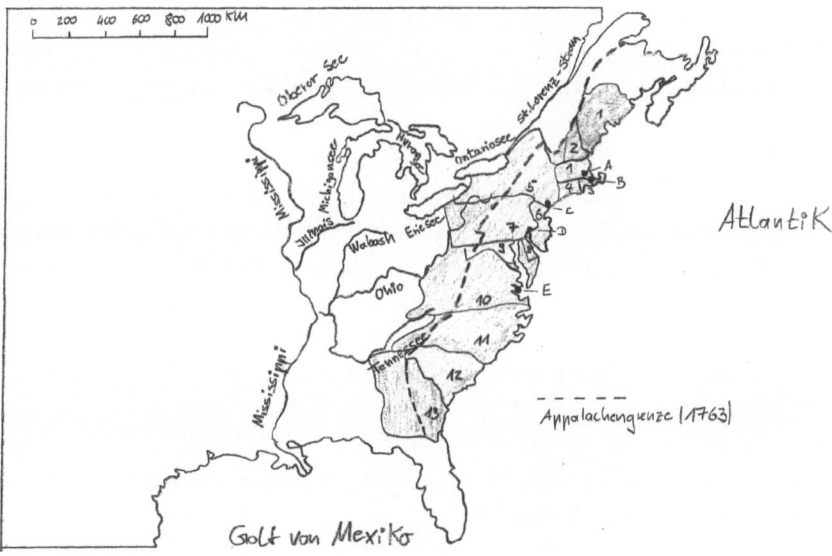

(vereinfachte Darstellung: Territorium der britischen Kolonien)

1	Massachusetts 1630	7	Pennsylvania 1681	13	Georgia 1732
2	New Hampshire 1629	8	Delaware 1664	A	Boston 1630
3	Rhode Island 1644	9	Maryland 1632	B	Plymouth 1620
4	Connecticut 1662	10	Virginia 1607	C	New York 1623/1664
5	New York 1664	11	North Carolina 1663/1730	D	Philadelphia 1682
6	New Jersey 1664	12	South Carolina 1663/1730	E	Jamestown 1607

Niederländische Siedlungen in Nordamerika:

- erste Siedlung im Gebiet um das heutige New York: Nieuw Nederland mit dem Verwaltungssitz Nieuw Amsterdam 1623

- Ausbau von Nieuw Amsterdam zu einem städtischen Zentrum aufgrund seiner logistisch guten Lage direkt am Atlantik 1653: Hafen als zentrale Anlaufstelle v.a. für Europäer und als Warenumschlagplatz.

- Verbreitung der puritanisch-calvinistischen Lehre (vgl. ausführlich S.30 unten)

- Besetzung Nieuw Amsterdams durch die Briten und Umbenennung der Stadt in »New York« 1664

- kein nennenswerter Einfluss der Niederländer mehr in den nordamerikanischen Kolonien

3. Ausgangssituation, Entstehung, Verlauf und Lösung der *Krise* in den britischen Kolonien in Nordamerika zwischen etwa 1600 und 1789

3.1. Die Ausgangssituation für die spätere *Krise*: Der unterschiedliche Verlauf der Modernisierung in den Bereichen Religion, Politik und Wirtschaft im britischen Mutterland und den britischen Kolonien in Nordamerika

Grundsätzlich lässt sich festhalten, dass die Lebenswelt der frühen Siedler in den britischen Kolonien in Nordamerika im religiösen, politischen und wirtschaftlichen Bereich durch ein intensives Streben nach Eigenorganisation und Selbstverwaltung geprägt war (→ *modern*). Dem begegnete das britische Mutterland zunächst weitgehend mit Gleichgültigkeit, aufgrund eines zunehmenden v.a. wirtschaftlichen Interesses an den Kolonien später jedoch mit dem Versuch, die Siedler in den britischen Kolonien einer strengen Kontrolle zu unterwerfen. Damit ist bereits das Kernproblem im Verhältnis zwischen den britischen Kolonien und dem britischen Mutterland deutlich gemacht. Dieser Umstand führte schließlich zwischen etwa 1750 und 1765 zur Entstehung und Verschärfung einer *Krise* in mehreren Gesellschaftsbereichen (→ *Komplexität*). Gleichzeitig muss jedoch erwähnt werden, dass die Entstehung und Verschärfung dieser *Krisen* nicht auf die zu simple Gegenüberstellung einer *modernen* Gesellschaft in den nordamerikanischen Kolonien und einer *traditionalen* Gesellschaft im englischen Mutterland reduziert werden kann. Sowohl der Grad der gesellschaftlichen *Modernisierung* in Europa, wie auch in den britischen Kolonien muss differenziert betrachtet werden. In beiden Gesellschaften lassen sich in den Bereichen Religion, Politik und Wirtschaft Kriterien nachweisen, die sowohl *moderne*, wie auch *traditionale* Gesellschaftsstrukturen belegen. Die frühen Siedler der britischen Kolonien in Nordamerika wurden bereits in ihrer »alten« Heimat in Europa intensiv durch gesellschaftliche *Modernisierungs-*

prozesse beeinflusst. Die *Modernisierung*sprozesse erfuhren im Verlauf des 16. und 17. Jhs. in Europa eine sehr unregelmäßige Ausprägung. *Modernisierung*sprozesse wurden bspw. an einer Stelle angestoßen, kamen aber zum Erliegen und wurden an einer anderen Stelle einige Zeit später wieder aufgegriffen und weitergeführt. Oftmals wurden die Initiatoren und Träger entsprechender *Modernisierung*sprozesse in Europa zunächst verfolgt, ins Exil gedrängt oder sogar auf brutalste und abschreckende Weise getötet. Nach Verzögerungen oder gar dem Scheitern der ersten *Modernisierungs- und Revolutionsversuche* in Europa flohen viele Menschen in die Kolonien nach Nordamerika und verfolgten das Ziel, in der »Neuen Welt« ihre Vorstellungen einer *modernen* Gesellschaft Wirklichkeit werden zu lassen. Doch gelang es auch ihnen nicht, diese Zielsetzung vollumfänglich umzusetzen.

Die zentralen Impulse zur *Modernisierung* der europäischen Gesellschaft in den Bereichen Religion, Politik und Wirtschaft und damit auch zur prägenden Beeinflussung der britischen Koloniegründer in Nordamerika erfolgten schließlich mit dem Beginn und der Ausbreitung der Reformation Martin Luthers im 16. und 17. Jh. Auch dieser *Modernisierungsprozess* entwickelte sich aus einer *Krisensituation* heraus, die aus dem Spannungsfeld zwischen den weitgehend *traditionalen* früh- und hochmittelalterlichen Verhältnissen und den sich *modernisierenden* spätmittelalterlichen und frühneuzeitlichen Verhältnissen entstand.

Möchte man also verstehen, warum sich zwischen der Gesellschaft der britischen Kolonien und des britischen Mutterlandes Konflikte ergaben, sollte man zunächst in der gemeinsamen Vergangenheit dieser beiden Gesellschaftsformen die Entstehung und den Verlauf des gesellschaftlichen *Modernisierung*sprozesses untersuchen, um feststellen zu können, an welcher Stelle der gemeinsame Weg endete und in unterschiedliche Richtungen weiterführte.

Zunächst verschaffen wir uns dazu einen fundierten Überblick über die Funktionsweise der weitgehend *traditionalen* Gesellschaft des Früh- und Hochmittelalters in den Bereichen Religion, Politik und Wirtschaft. Im einem zweiten Schritt erklären wir dann, wie durch die ab etwa dem 13. Jh. eintretenden *Krisen* diese weitgehend *traditionale*

Gesellschaft des Früh- und Hochmittelalters *dsyfunktional* wurde, für die jeweiligen *Krisen* Lösungsstrategien entwickelt wurden und diese je nach Erfolg mehr oder weniger intensive *Modernisierung*sprozesse in Gang setzten. Abschließend betrachten wir die Auswirkungen dieser *Modernisierung*sprozesse in Europa auf die Gründer und frühen Siedler der britischen Kolonien in Nordamerika und beschreiben die dort daraus entstehenden religiösen, politischen und wirtschaftlichen Strukturen.

3.1.1. Die weitgehend traditionale Gesellschaft Europas im Früh- und Hochmittelalter in den Bereichen Religion, Politik und Wirtschaft (etwa 7. bis 13. Jh.)

Religion. Im *traditionalen* Mittelalter stellte die christliche Kirche für die Menschen die zentrale Orientierungsgröße für ihr Leben dar. Das lag an dem heute schwer nachzuempfindenden hohen Maß an Frömmigkeit in dieser Zeit. Die Menschen waren fest davon überzeugt, dass das irdische Leben lediglich eine Art »Qualifizierungsphase« für ein nach dem Tod folgendes Leben in der Ewigkeit sei. Dieses ewige Leben im Jenseits konnte in der Vorstellung eines mittelalterlichen Menschen auf zweierlei Weise stattfinden (»dualistisches Weltbild«): im paradiesischen Himmel oder der qualvollen Hölle bzw. Fegefeuer. Die Zuordnung der Menschen in einen dieser beiden Bereiche nahm in der Vorstellungswelt eines mittelalterlichen Menschen Christus am »Tag des Jüngsten Gerichts« selbst vor und entschied dabei anhand der jeweiligen Lebensführung. Im Idealfall führte man im Mittelalter ein »gottgewolltes Leben« und belastete seine Seele mit möglichst wenig »Sünde«. Wie dieses »gottgewollte Leben« konkrete aussah, das behauptete die Kirche allein zu wissen (→ *traditional:* Dogmatik).

Dies konnte auch gegenüber der Gesellschaft glaubhaft gemacht werden. Aufgrund des kirchlichen Monopols auf Bildung und Wissen waren die Vertreter der Kirche in den Augen der meist ungebildeten, zugleich aber tiefgläubigen Menschen dazu in der Lage, Dinge zu vollbringen, die in deren Wahrnehmung nur durch »göttliche Unterstützung« möglich sein konnten (→ *traditional*: geringes Bildungsniveau). Ein sehr hohes Maß an Bildung, die Beherrschung praktischer Fähigkeiten im religiösen Bereich, aber u.a. auch in der Medizin, Architektur oder Landwirtschaft waren Voraussetzung, um diesen alleinigen Zugriff auf die Gestaltung und damit auch Kontrolle der Gesellschaft dauerhaft beanspruchen zu können (→ *traditional*: religiöse Dogmatik bestimmt das gesellschaftliche Leben). Dazu kam die Bereitschaft, die vorgegebenen christlichen Ideale uneingeschränkt und mustergültig der gläubigen Öffentlichkeit vorzuleben (u.a. Armutsideal, Verzicht auf Sinnesfreuden [keine besonderen Speisen oder Getränke, keine Sexualität usw.]). Verschiedene Schriften hoher Kirchenvertreter (z.b. die »Regula Benedicti« oder »Regula Augustini«) gaben konkrete Anweisungen zur Lebensführung im Sinne der christlichen Ideale vor (→ *traditional*: religiöse Dogmatik): Strenger Gehorsam und Demut gegenüber kirchlichen, aber auch weltlichen Autoritäten (allen voran Papst und Kaiser) stellen den Kern der christlichen Ideale dar. Diese Forderung leitete die Kirche von ihrer »Nähe zu Gott« und daraus resultierend von dem Wissen um ein »gottgewolltes Leben« ab. Ein Nichtbefolgen dieser Regel konnte in der Vorstellungswelt des Mittelalters furchtbare Konsequenzen haben und nach dem Tod zu einem ewigen Aufenthalt in der Hölle führen. Ein Risiko, welches in der *traditionalen* Gesellschaft des Mittelalters kaum jemand eingehen wollte.

Politik. Die Forderung nach Gehorsam und Demut führte jedoch nicht nur im religiösen Bereich der Gesellschaft zu einer unantastbaren Stellung der christlichen Kirche und ihrer Vertreter, sondern hatte auch im weltlichen Bereich weitgehende machtpolitische Auswirkungen (→ *traditional*: enge Bindung und Unterstützung von Kirche und Regierung). Seit der Krönung Karls des Großen durch den Papst zum ersten Kaiser des Mittelalters (800) bestand in Europa eine enge und auf gegenseitigen Nutzen angelegte Verbindung zwischen der christlichen Kirche und der weltlichen Herrschaft. Als Karl der Große diesen neuen Herrschaftsanspruch über das Reich und damit große

Teile des heutigen Europas auf sich und seine Familie (Karolinger) übertragen wollte, musste er das gesellschaftlich für jedermann nachvollziehbar legitimieren (→ *traditional*: religiöse Legitimation der Herrschaft). Mit der Vergabe des »Gottesgnadentums« stellte die Papstkirche in Rom für Karl den Großen eine Möglichkeit bereit, diesen Herrschaftsanspruch unanfechtbar durchsetzen zu können.

Die Vergabe des »Gottesgnadentums« suggerierte der tiefgläubigen Gesellschaft im mittelalterlichen Europa, dass der jeweilige Herrscher durch die »Gnade Gottes« in sein Amt eingesetzt wurden sei und damit auch ihm gegenüber strengster Gehorsam und Demut einzuhalten sei, wollte man nicht am »Tag des Jüngsten Gerichts« in die Hölle geschickt werden.

Obwohl im Früh- und Hochmittelalter im *modernen* Sinne keine Kontrollinstrumente für die uneingeschränkte Alleinherrschaft des Königs bzw. Kaisers existierten (→ *traditional)*, brachte die Position des »von Gott auserwählten Herrschers« auch Abhängigkeit mit sich. Zum einen bestand eine massive Abhängigkeit von der Papstkirche in Rom, die mit dem »Gottesgnadentum« die Herrschaftslegitimation für eine Person vergeben, aber auch wieder entziehen konnte. Es gab zahlreiche Versuche mittelalterlicher Herrscher, sich aus dieser Abhängigkeit zu lösen, doch verliefen diese nur mehr oder weniger erfolgreich und führten vorerst nicht zu einer Trennung von Kirche und weltlicher Herrschaft (wie z.B. 1077 Gang nach Canossa Heinrich IV.). An dieser Stelle muss jedoch erwähnt sein, dass diese Abhängigkeit der Herrschaft von der Papstkirche kaum zu einer Herrschaftskontrolle im *modernen* Sinne beigetragen hat, welche ein Volk vor Willkür und Ungerechtigkeit der Regierung schützen soll. Die Einflussnahme der Papstkirche zielte in den meisten Fälle lediglich auf eine Sicherung- bzw. Steigerung der eigenen Machtposition und führte nicht selten zu zusätzlichen Belastungen für die beherrschte Bevölkerung.

Zum anderen erwarteten die mittelalterlichen Menschen von ihrem »durch Gott« berufenen Herrscher, dass er seine »Sonderstellung zu Gott« nutzen und gegenüber seinem Volk Pflichten erfüllen würde. Kam er diesen Pflichten nach, akzeptierten die Menschen ihn als »göttlichen« Anführer, gehorchten seinem Befehl und zeigten Demut.

D.h. ein mittelalterlicher Regent herrschte zwar in erster Linie auf Grundlage seines durch die Kirche verliehenen »Gottesgnadentums«, er benötigte aber auch in gewisser Weise die Zustimmung und Akzeptanz seines Volkes, welches anhand ganz rationaler Kriterien die Machtausübung eines Herrschers für sich als vorteilhaft oder eben unvorteilhaft bewertet. Diese Akzeptanz des Volkes ist jedoch in keiner Weise mit der *modernen* Volkssouveränität zu vergleichen, die dem Volk die Möglichkeit einräumt, bei heftigen Verstößen gegen das Wohl des Volkes die entsprechende Regierung abzusetzen.

- Ein »gottgewollter« Herrscher sorgt für eine ausreichende Versorgung mit Nahrungsmitteln und Gütern des täglichen Lebens. Er verhindert Hungersnöte und Versorgungsengpässe.

- Ein »gottgewollter« Herrscher sorgt für gesellschaftliche Sicherheit und Ruhe. Er stellt die grundsätzlich körperliche Unversehrtheit seiner Untertanen sicher, indem er innere Unruhen und Konflikte unterbindet und äußere Angreifer fernhält.

Solange ein mittelalterlicher Herrscher diese Aufgaben erfüllte und sich der Unterstützung der Kirche sicher sein konnte, hatte er keine ernsthaften Probleme, sich gegen Konkurrenten um die Macht durchzusetzen. Jeder Konkurrent, der am »gottgewollten« Herrscher vorbei seine machtpolitischen Interessen durchsetzen wollte, hätte in der gläubigen und von der Kirche dominierten Gesellschaft des Mittelalters jeden Unterstützerkreis verloren, weil man als Anhänger eines »Sünders« hätte fürchten müssen, ebenfalls »in die Hölle zu kommen«. Der einzige Weg, um im mittelalterlichen Europa Macht zu erhalten, führte daher entweder über die Papstkirche oder man akzeptierte unter der Herrschaft des »gottgewollten« Kaisers eine entsprechende Position in dessen Regierung.

Daraus ergibt sich die grundsätzliche Organisationsstruktur der mittelalterlichen Gesellschaft in Europa: Das Lehnswesen. An der Spitze dieser von persönlichen Abhängigkeitsverhältnissen geprägten Gesellschaftsordnung (→ *traditional:* gesellschaftliche Rechtsansprüche wurden religiös begründet) stand der König des jeweiligen Reiches, welches gewissermaßen als sein Privatbesitz betrachtet wurde. Abgeleitet aus der christlichen Vorstellung der Schaffung der Welt und der Menschen durch Gott in sieben Tagen war es nach Auffassung der tiefgläubigen Bevölkerung im Mittelalter nur allzu natürlich, dass ein mit »Gottesgnadentum« eingesetzter Herrscher über alle durch Gott geschaffenen Dinge und Lebewesen in seinem Reich herrschen und entscheiden könne. In direktem Besitz des Königs befanden sich demnach neben dem Reichsterritorium an sich, sämtliche Rohstoffe, Bodenschätze und weitere Erzeugnisse, die daraus gewonnen werden konnten, sowie alle dort existierenden Lebewesen (inklusive der das Territorium bewirtschaftenden Bevölkerung!). Da der König bei der Verwaltung und Kontrolle seines Reiches Unterstützer brauchte, unterteilte er sein Reich in Verwaltungseinheiten, welche er an die einflussreichsten und mächtigsten Männer (geistliche und weltliche) seines Reiches (»Kronvasallen«) für eine begrenzte Dauer als Leihgabe (»Lehn«) übertrug. Damit verbunden war auch die Übertragung aller oben genannten Nutzungsrechte für das jeweilige Reichsgebiet, was für die Kronvasallen einen enormen wirtschaftlichen Nutzen mit sich brachte. Die Kronvasallen akzeptierten den König im Gegenzug als ihren »Lehnsherren« und verpflichteten sich ihm gegenüber zu »consilium« und »auxilium« (»Rat und Tat«). Dazu gehörten insbesondere die finanzielle und aktive Unterstützung des Lehnsherren bei v.a. militärischen Unternehmungen sowie die aktive Teilnahme bei Beratungen unter Vorsitz des Lehnsherren. Verbindlichkeit erhielt dieses gegenseitige Abhängigkeitsverhältnis in einem ersten Schritt durch die Symbolhandlung des »Handgangs« (→ *traditional*: Recht personengebunden und religiös begründet). Hierbei unterwarf sich der Vasall seinem Lehnsherren und bat um dessen Schutz. In einem zweiten Schritt, dem »Lehnseid«, schwor man sich gegenseitige Treue und die Einhaltung der gegenseitigen Pflichten. Diese beiden Schritte der Lehnsvergabe im Mittelalter erfolgten »vor Gott« und belegen damit ihre religiöse Bedeutung. Lediglich die Vergabe eines Lehnssymbols (meist in Form einer Fahne) für das übertragene Territorium hatte weltlichen Charakter. Dem König gelang es auf diese

Weise die Konkurrenten um die Macht im Reich unter seine Kontrolle zu bringen, indem er ihnen zum einen bei mangelnder Unterstützung ihr Lehn und damit die wirtschaftliche Grundlage ihrer Macht entziehen konnte, zum anderen stellte der Ungehorsam gegenüber dem »gottgewollten« König eine Sünde dar und führte in der frommen Gesellschaft des Mittelalters zum vollständigen Verlust von Einfluss und Macht.

Auch die »Kronvasallen« konnten ihrerseits das als Lehn erhaltene Territorium an »Untervasallen« (Vertreter des niederen Adels) weitervergeben. Diese Lehnsvergabe erfolgte im Wesentlichen in derselben Art und Weise wie zwischen dem König und seinen Kronvasallen. Daraus resultierte jedoch der entscheidende Unterschied, dass hierbei ein persönliches Abhängigkeitsverhältnis zwischen dem Kronvasallen und seinen Untervasallen entstand. Die Untervasallen waren demnach nicht an den König, sondern an dessen Kronvasallen gebunden (→ *traditional*: Recht personengebunden und religiös begründet).

Ganz unten in dieser von persönlichen Abhängigkeitsverhältnissen geprägten Gesellschaftsordnung standen die Bauern und damit mehr als 90% der im mittelalterlichen Europa lebenden Menschen. Diese erhielten von ihrem Grundherrn militärischen und formellen Schutz sowie Land zur Sicherung ihrer wirtschaftlichen Existenz. Im Gegenzug war es ihre zentrale Aufgabe, durch entsprechende Abgaben und Dienste den meist aufwendigen Lebensstil ihres Grundherrn zu unterhalten. Auch rechtlich war der Bauer in den meisten Fällen persönlich an seinen Grundherrn gebunden. Die Entwicklung des Lehnswesens im Mittelalter führte letztlich dazu, dass der Grundherr das religiöse, sozial-politische und wirtschaftliche Leben der von ihm abhängigen Bauern bestimmte (→ *traditional*: geringe bzw. keine politische Partizipation; weitgehen unfrei und rechtlos). Die hohe Akzeptanz und Erfüllung dieser »gottgewollten Ordnung« *(→ traditional*: Verbindung Kirche und Regierung) auch in den Kreisen der Bauern sieht die aktuelle Geschichtsforschung vor allem darin bestätigt, dass es für das Früh- und Hochmittelalter nur einen einzigen Quellennachweis für eine nennenswerte Erhebung der Bauern gegen ihre Grundherren gab. Während das Lehnswesen als solches also aufgrund der hohen Frömmigkeit der mittelalterlichen Menschen nicht in Frage gestellt wurde, versuchten gleichwohl einige Bauern aus der Abhängigkeit ihres Grundherrn in die Abhängigkeit eines anderen Grundherrn, bei dem sie sich ein besseres Leben erhofften, zu fliehen. Eine konkrete Festlegung der Dienste und Abgaben, die ein abhängiger Bauer seinem Grundherrn gegenüber erbringen musste, erfolgte selten und wurde in diesen Fällen individuell und nicht nach allgemein gültigen Bestimmungen festgelegt (→ *traditional*: Recht personengebunden und religiös begründet). Da man in den meisten Fällen davon ausgehen kann, dass die Höhe und Intensität der Abgaben und Dienste zu Gunsten des Grundherren bestimmt wurden, erscheint es nicht verwunderlich, dass zur Verminderung der Fluchtgefahr die abhängigen Bauern durch ihren Grundherrn persönlich an das ihnen als Lehn übertragene Land gebunden wurden (»Schollenbindung«) und bei Zuwiderhandlungen mit harten Strafen belegt wurden. Daraus resultierte erneut ein Bestimmungsrecht des Lehnsherren über den von ihm abhängigen Bauern: Der Grundherr legte mit der »Schollenbindung« die Lebens- und Arbeitswelt des Bauern und seiner Familie räumlich fest (→ *traditional*: persönliche Mobilität gering) und bestimmte damit ihre alltäglichen Tätigkeiten, ihre sozialen Kontakte und Bindungen (z.B. auch wer wen heiraten durfte) (→ *traditional*: direkte soziale Kontrolle). Abschließend kann daher festgehalten werden, dass ausgehend von dem christlichen Dogma einer »gottgewollten« Gesellschaftsordnung eine kleine elitäre Gruppe von geistlichen und weltlichen Autoritäten den Großteil der Gesellschaft (über 90%) gestaltete und kontrollierte. Es existierten demnach sehr starke und unüberwindbare gesellschaftliche Hierarchien (→ *traditional*).

Im Wesentlichen orientierte sich auch der aus Frankreich stammende König Wilhelm I. an dieser Gesellschaftsordnung, als er ab 1066 als König in England, dem Mutterland der britischen Kolonien, das Lehnswesen etablierte und damit die zuvor bestehende, durch skandinavischen Einfluss geprägte und daher weitgehend freiheitliche Grundordnung aufhob.

Wirtschaft. Diese bisher beschriebene massive Fremdbestimmung und Kontrolle des mittelalterlichen Menschen in Europa hatte entsprechende Auswirkungen auf die Wirtschaftsstruktur der Gesellschaft: Die Lehns- und Grundherren – beginnend beim König – erwirtschafteten durch die Funktionsweise der Grundherrschaft in Abhängigkeit von der Höhe ihrer eigenen sozialen Stellung und den daraus resultierenden Umfang der Abhängigkeitsverhältnisse von Bauern einen erheblichen wirtschaftlichen Wohlstand, während die abhängigen Bauern in den meisten Fällen zwar ihre Eigenversorgung (→ *traditional:* Subsistenzwirtschaft) sichern konnte, aber selten nennenswerte Überschüsse erwirtschaften konnten (→ *traditional:* geringes Einkommen der breiten Masse, massive Unterschiede zur gesellschaftlichen Elite). Während also ein kleine elitäre Gruppe der Gesellschaft (<10%) in hohen und tendenziell sehr hohen Einkommensverhältnissen lebte, war für die ländliche Bevölkerung als den weitaus größten Teil der Gesellschaft lediglich ein Leben in mehr oder weniger großer Armut möglich. Entscheidend für diesen großen Unterschied in den Einkommensverhältnissen waren die Besitzverhältnisse v.a. an Grund und Boden sowie Immobilien, die v. a. agrar-wirtschaftliche Produktionsstätten (z.B. Mühlen) darstellten. Die Lehnsherren (abgesehen vom König) mussten für ihr Lehn neben Heeresfolge in aller Regel auch Dienste und Abgaben gegenüber ihrem übergeordneten Lehnsherr aufbringen, doch hatten sie aufgrund der Freiheits- und Rechtslosigkeit der Bauern die Möglichkeit, diese wirtschaftlich auszubeuten und dadurch mit ihrem Lehn mehr zu erwirtschaften als es ihnen kostete. Die einfache Landbevölkerung hingegen, konnte keinen eigenen Besitz in Form von Land oder Immobilien erwerben. Aufgrund der damit verbundenen hohen Steuer- und Abgabenlast der Bauern (z.B. für die Nutzung einer Mühle oder Weidefläche für Nutztiere) war für die Bauern trotz täglicher harter Arbeit und vieler Entbehrungen kein nennenswerter wirtschaftlicher Erfolg möglich. Zudem führte das oben beschriebene Monopol der Kirche auf Wissen und Bildung einerseits und der Arbeitsalltag der einfachen Landbevölkerung, der keine Gelegenheit für Bildung oder geistige Betätigung geboten hätte, andererseits zu keiner nennenswerten Innovationsbereitschaft, aus welcher eine für die Bauern gewinnbringendere und erfolgreiche Form des Wirtschaftens hätte hervorgehen können.

3.1.2. Der Beginn der *Modernisierung* im Europa des Spätmittelalters und der Frühen Neuzeit in den Bereichen Religion, Politik und Wirtschaft (etwa 13. bis 16. Jh.)

Krisen und damit verbunden *Krisen*lösungsstrategien (v.a. *Revolutionen*) können als Auslöser für *Modernisierung*sprozesse wirken. Um eine *Krisen*situation in der europäischen Gesellschaft des Spätmittelalters nachweisen zu können, wird mit Hilfe der Kriterien zum *Krisen*begriff (siehe S. 9ff.) in den Gesellschaftsbereichen Religion, Politik und Wirtschaft zunächst untersucht, inwiefern die eben beschriebenen früh- und hochmittelalterlichen Verhältnisse in diesen Gesellschaftsbereichen im Spätmittelalter *dysfunktional* wurden und *tiefgreifende Veränderungen* in der Gesellschaft intensiv wahrgenommen wurden. In einem zweiten Schritt wird dann erklärt, ob und in welchem Ausmaß die entsprechenden Krisenlösungsstrategien in den jeweiligen Gesellschaftsbereichen zum Beginn eines *Modernisierung*sprozesses führten.

Religion. Die Institution Kirche erlebte im Spätmittelalter und zu Beginn der Frühen Neuzeit einen massiven Autoritätsverlust und büßte in Folge dessen ihre Stellung als maßgebliche Orientierungs- und Bestimmungsinstanz der Gesellschaft ein (→ Krise: *Dysfunktionalität*). An dieser Stelle muss aber ausdrücklich betont werden, dass das Christentum als die zentrale Religion in Europa erhalten blieb. Es entwickelt sich jedoch ein *modernes* religiöses Denken heraus, in welchem die früh- und hochmittelalterliche *Dogmatik* der Kirche (»gottgewolltes Leben«) und die daraus resultierenden autoritären Kirchenhierarchien (u.a. Regula Benedicti: »Gehorsam und Demut«) immer weniger Bedeutung fanden. Entscheidend für diesen zentralen Umbruch innerhalb des europäischen Christentums war die im Rahmen der Renaissance (ab etwa 1300) wieder einsetzende Beschäftigung mit antiken Texten – u.a. mit den Werken des antiken Philosophen Platon (etwa 428 bis etwa 347 v. Chr.). Das hohe Interesse an Platon entstand aus der Tatsache heraus, dass dieser antike Philosoph – obwohl er in der polytheistischen Welt des römischen Reiches lebte – in seinen Werken einen mit dem Christentum vergleichbaren Monotheismus beschreibt: Ein Gott als Schöpfer der Welt. Platons Kerngedanken wurden schließlich im 3. Jh. n. Chr. von dem römischen Philosophen Plotin, welcher eine neuplatonische Philosophenschule gründete, aufgegriffen und im gesamten römischen Reich verbreitet. Die zentralen Kerninhalte dieser Philosophenschule wurden in der »neuplatonischen Kosmologie« – oder der »Kette der Wesen« – zusammengetragen. Die Lehre geht davon aus, dass die Welt und alles, was auf ihr existiert und lebt (Menschen, Tiere, Pflanzen, Steine usw.), nicht von Gott geschaffen wurde, sondern zu Teilen selbst aus einer Art »göttlichen Energie« bestünde. Aufgrund dieser allen Schöpfungen gemeinsamen »göttlichen Energie« seien diese auch miteinander verbunden und könnten aufeinander einwirken. Während im Christentum des Früh- und Hochmittelalters »Gott« als anthropomorphes, dem irdischen Leben weit entferntes und den Geschöpfen auf der Erde nur über die Kirche Weisungen gebendes Wesen (→ *traditionale* Dogmatik) betrachtet wurde, stellt man sich in dem vom Neuplatonismus geprägten Weltbild des Spätmittelalters und der Frühen Neuzeit »Gott« gestaltlos und eher abstrakt als eine Art »göttliche« Energie vor, die in allem Weltlichen steckt.

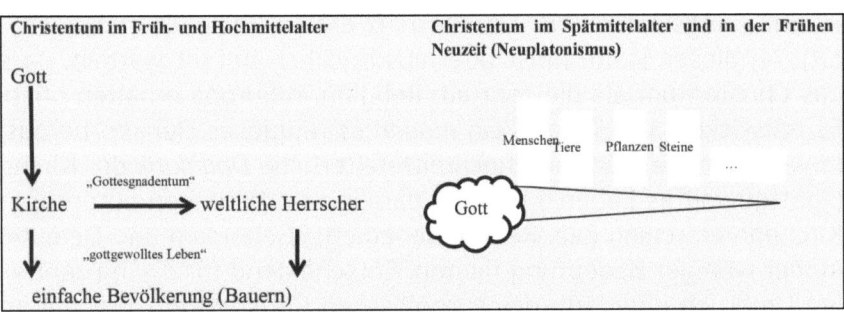

vereinfachte Darstellung (erstellt von: Victor Woska)

Dieser Umbruch in der Wahrnehmung Gottes führte zu einem starken Autoritätsverlust der Institution Kirche in der spätmittelalterlichen und frühneuzeitlichen Gesellschaft Europas. Entscheidend dabei war, dass die Menschen begannen, in dem ihnen zur Verfügung stehenden menschlichen Verstand die im Neuplatonismus erwähnte »göttliche Energie« zu sehen. Man verstand ein »gottgewolltes Leben« also nicht mehr darin, nach Vorgabe der Institution Kirche als »Verkünderin des Willen eines (fremden) Gottes«, ein streng reglementiertes Leben zu führen (→ Modernisierung: Auflösung der Dogmatik), sondern unter Nutzung der in jedem Menschen in Form des Verstandes befindlichen »göttlichen Energie«, den »Willen« bzw. »Plan Gottes« zu erkunden. Damit vollzog sich der entscheidende Wandel von einer »gottgewollten« Lebensweise zu einer »menschengewollten« Lebensweise. Gleichsam blieb aber der Drang zur Erkenntnis über das Wort Gottes das zentrale Anliegen der weiterhin christlichen Gesellschaft Europas, da man weiterhin um die Vergebung der begangenen Sünden ersuchte, um das ewige Leben im Jenseits im himmlischen Paradies und nicht in der Hölle verbringen zu können. Da die Menschen durch den Einfluss der neuplatonischen Lehre nun aber davon überzeugt waren, dass dieser Weg zum Erkennen des »göttlichen Plans« von jedem Menschen selbst – nur mit Hilfe der Bibel als einer Art Ratgeber – gefunden werden könne, indem er allein mit Hilfe der Bibel das »Wort Gottes« hört, stellten für diese die kirchlichen Vertreter (bis hin zum Papst) keine Autorität mehr dar. Daraus ergab sich ein »Gleichheitsideal«, demzufolge alle Menschen vor Gott gleich seien und kein kirchliches Amt zu einer Privilegierung bestimmter Personen führe (→ Modernisierung: Gleichheitsgedanke).

Sowohl die Notwendigkeit, die Bibel lesen zu können, wie auch die Absicht, das »Göttliche« als sozusagen »kleinsten gemeinsamen Nenner« in allem Irdischen zu finden, führte im Zeitalter der Renaissance zu einer Blüte von Kultur und Wissenschaften (→ Modernisierung: hohes Bildungsniveau). Außerhalb der kirchlichen Institutionen lehrten und lernten immer mehr Menschen vor allem die alten Sprachen (v.a. Latein, aber auch Altgriechisch), mit deren Hilfe sie sich Zugang zu dem unermesslichen Wissensschatz der Antike – den im Früh- und

Hochmittelalter die Kirche unter Verschluss hielt – verschafften, und hoben auf diesem Weg das kirchliche Bildungs- bzw. Wissensmonopol schrittweise auf. Die verschiedenen Wissensdisziplinen konnten nun immer weniger von der Kirche überwacht und instrumentalisiert werden. Gleichsam muss an dieser Stelle betont werden, dass der Forschungs- und Wissensdrang der Menschen im Zeitalter der Renaissance weiterhin vor allem religiös motiviert war. Der neuplatonischen Lehre entsprechend versuchten sie, die allen irdischen Wesen gemeinsame »göttliche Energie« zu finden, indem sie begannen, die Welt und das Universum verstehen zu wollen. Indem bspw. ein Nikolaus Kopernikus begann die Bewegung der Himmelskörper auf Strukturen und Gesetzmäßigkeiten hin zu untersuchen, um auf diesem Weg den »göttlichen Plan« erkennen zu können, widerlegte er das von der Kirche das gesamte Mittelalter hindurch vermittelte Weltbild, welchem zu Folge die Erde und damit die Menschen im Mittelpunkt eines von Gott geschaffenen Kosmos stünden. In ähnlicher Weise begannen die Mediziner der Renaissance die Anatomie menschlicher, aber auch tierischer Körper zu erforschen, um möglicherweise dem »Bauplan Gottes« auf die Spur kommen zu können, und setzten sich damit über das seitens der Kirche im Früh- und Hochmittelalter festgelegte Sezier-Verbot hinweg. Man erkannte während dieser Forschungen, dass die Heilung der Kranken durch die Vertreter der Kirche nicht auf deren »göttlichen Beistand«, sondern vielmehr auf bio-chemischen Prozesse beruhte. (→ *Modernisierung*: Trennung von Wissenschaft und Religion).

Diese Beispiele machen bereits deutlich, welchen zunehmend hohen Stellenwert diese von der Institution Kirche gelöste Bildung in der Gesellschaft des Spätmittelalters und der Frühen Neuzeit einnahm. Unabhängigkeit und Eigenständigkeit im Tun und Handeln sind demnach zentrale Eigenschaften dieser neuen Gelehrten (Humanisten), welche in den neu entstehenden Bildungseinrichtungen (Gymnasien und Universitäten), aber v.a. auch durch Literatur weitervermitteltet und verbreitet wurden.

Dieser bisher beschriebene *Modernisierung*sprozess geht mit einer Umbruchsituation im Spätmittelalter einher und vollzog sich seit dem

14. Jh. nur schrittweise. Die Lehre der neuplatonischen Kosmologie fand erstmals durch den englischen Theologen John Wyclif (etwa 1320-1384) und anschließend durch den tschechischen Theologen Jan Hus (um 1370 –1415) nennenswert Eingang in die christliche Kirche des Spätmittelalters. Zunächst fand die Auseinandersetzung mit dieser neuen Bewegung in einem kleinen akademisch-elitären Kreis von hohen Amtsträgern im v.a. kirchlichen, aber auch weltlichen Bereich statt (→ *Revolution:* elitäre Gruppe als Initiatoren). Hus, der sich im Wesentlichen auf die Thesen Wyclifs bezog, forderte bereits 1415 u.a. eine alleinige Orientierung an der Heiligen Schrift und lehnte die Institution Kirche und ihre Vertreter ab. Ebenfalls nach Vorbild von John Wyclif predigte und übersetzte er die Bibel in die entsprechende Landessprache der gläubigen Gemeinde (also ins Tschechische), um sie dieser zugänglich zu machen.

Doch nicht allein die Auseinandersetzung mit der neuplatonischen Lehre führte im Spätmittelalter zu einer *Dysfunktionalität* des *traditionalen* Kirchensystems, welche von Jan Hus angeprangert wurde. Die Institution Kirche geriet im Innern selbst zunehmend in eine Krise, zudem auch die Wirtschaft und Politik (→ *Krise*: Komplexität). Die innere Krise der Kirche entstand im Wesentlichen durch eine Nicht-Mehr-Einhaltung der eigenen *Dogmatik*. Während im Früh- und Hochmittelalter wichtige Regelwerke der Kirche (z.B. die »Regula Benedicti«) einen unbedingten Gehorsam kirchlichen Autoritäten (v.a. dem Papst) gegenüber verlangten, kam es 1378 zum »Großen Abendländischen Schisma« – zu einer Spaltung der Kirche. Machtkämpfe innerhalb der Kirche, aber auch weltliche Einflussinteressen führten zur Ausrufung zweier, zeitweise sogar dreier Päpste. Wenn nicht einmal innerhalb der Kirche festgelegt werden konnte, welchem Papst gegenüber Gehorsam und Demut zu leisten sei, ist es verständlich, dass diese Situation bei der Bevölkerung zu einem beträchtlichen Autoritätsverlust des Papstamtes führte. Auch andere kirchliche Amtsträger vom Bischof bis zum einfachen Dorfpfarrer erfüllten zunehmend die Anforderungen nicht mehr, die an die Kirche als zentrale Orientierungsinstanz für die Gesellschaft bei der Gestaltung eines »gottgewollten Lebens« gestellt wurden. Während die kirchlichen

Vertreter die Bevölkerung im Früh- und Hochmittelalter aufgrund ihres mustergültigen Lebenswandels und ihres exklusiven Zuganges zu antikem Wissen glauben machen konnten, sie allein könnten den Menschen maßgeblich dabei helfen, ein »gottgewolltes« Leben zu führen, waren die Kirchenvertreter im Spätmittelalter vielerorts kaum noch zu den einfachsten Tätigkeiten (z.B. Abhalten eines Gottesdienstes) in der Lage. Aufgrund der außerordentlichen Stellung der Institution Kirche und ihrer Vertreter als zentrale Orientierungsgröße für die Gesellschaft erlangten diese im Verlauf des Früh- und Hochmittelalter auch enorme weltliche Macht (z.B. durch die Vergabe des »Gottesgnadentums«) und einen unvorstellbaren Reichtum (z.B. durch Dienste und Abgaben der Bauern in der Grundherrschaft). Das Hauptaugenmerk der kirchlichen Vertreter im Spätmittelalter lag nun vielmehr auf der Verwaltung und Steigerung ihrer politischen und wirtschaftlichen Machtposition als in der Erfüllung ihrer religiösen Pflichten für die Gesellschaft. Das Leben insbesondere der hohen kirchlichen Amtsträger war kaum noch von dem luxuriösen und ausschweifenden Leben der weltlichen Herrscher zu unterscheiden: Prächtige Paläste als Wohnsitz, luxuriöse und extravagante Gelage und ein zügelloses Liebesleben standen im argen Widerspruch zu den urchristlichen Idealen. (→ *Krise*: Dysfunktionalität der christlichen Dogmatik) Dieser Lebenswandel wurde auch gesellschaftlich wahrgenommen und führte zu einer zunehmenden Kritik und Abkehr von der Institution Kirche. Doch woher sollten die Menschen des Spätmittelalters nun Orientierung bei ihrer Vorbereitung auf den »Tag des Jüngsten Gerichtes« erhalten, da ihre einzige Orientierungsinstanz zunehmend ausfiel?

Diese Orientierungslosigkeit der Menschen wurden zusätzlich noch verschärft, da zudem weitere Ereignisse des 14. und 15. Jhs. in der Wahrnehmung des spätmittelalterlichen Menschen keine Zweifel daran ließen, dass der »Tag des Jüngsten Gerichts« kurz bevor stünde: Nach einem Klimaoptimum im Früh-und Hochmittelalter, welches zu einer deutlichen Erweiterung und Intensivierung der Landwirtschaft und damit zu einem regelrechten Bevölkerungs- und Wirtschaftsboom geführt hatte, folgte im Spätmittelalter die sogenannte »Kleine

Eiszeit«. Strenge Winter, verregnete Sommer und fast ausschließlich kühle Frühlings- und Herbstzeiten führten zunehmend zu Ernteausfällen und schließlich zu Hungerkatastrophen, denen tausende Menschen erlagen. Diese Verschlechterung der klimatischen Bedingungen ging mit zunehmenden Wetterextremen einher. Überschwemmungen durch Starkregen im Landesinneren und durch Sturmfluten an den Küsten sowie schwere Erdbeben forderten weitere unzählige Menschenleben. Diese bereits durch Nahrungsmangel und Naturkatastrophen stark geschwächte Bevölkerung befiel zwischen 1347 und 1352 zudem noch die Pest. Innerhalb dieser wenigen Jahre viel etwa 1/3 der europäischen Bevölkerung dieser Krankheit zum Opfer. Das Ergebnis war ein Kollaps des Wirtschafts- bzw. Agrarsystems (→ *Krise*: Dysfunktionalität der *traditionalen* agrarischen Subsistenzwirtschaft). In der Wahrnehmung des mittelalterlichen Menschen blieb die »Unterstützung Gottes« als Anerkennung für ein »gottgewolltes« Leben zunehmend aus. Stattdessen interpretierte man all diese Prozesse als die »Strafe Gottes« für ein »sündhaftes« Leben und den baldigen Beginn des »Jüngsten Gerichts«.

Doch obwohl Jan Hus all die Missstände in der Kirche kritisierte und mit einem durch die Lehre des Neuplatonismus *modernisierten* Kirchensystem zur Lösung der Kirchen*krise* hätte beitragen können, scheiterte sein *Revolution*sversuch und Hus wurde als Ketzer verbrannt. Das lag zum einen daran, dass die katholische Kirche *Reformen* einleitete, um so den revolutionären Kräften um Jan Hus den Wind aus den Segeln zu nehmen und die bestehenden Kirchenstrukturen im Wesentlichen zu wahren. Beim Konzil von Konstanz[2] im Jahr 1415 sollte daher eine *Reform* an »Haupt und Gliedern« stattfinden, doch reichten die festgelegten Maßnahmen nicht aus, um die *Dsy-*

---

2 *Konzil von Konstanz: Eine 1414 vom deutschen König Sigismund einberufene Tagung, um die religiösen, politischen und wirtschaftlichen Probleme der Kirche und des Reiches zu diskutieren, bei der sich wohl etwa 10.000 kirchliche und weltliche Vertreter versammelten. Das Konzil dauerte etwa vier Jahre. Hauptanliegen waren die Aufhebung des Abendländischen Schismas und damit die Wiederherstellung der päpstlichen Autorität in der Kirche sowie eine Reformation des kirchlichen Lebenswandels.*

funktionalität im religiösen Bereich zu beheben. Das Konzil beendete zwar formell das »Abendländische Schisma« und wählte nach der Absetzung der drei konkurrierenden Päpste einen neuen einheitlichen Papst. Doch beanspruchte nun die Konzil-Versammlung, welche den neuen Papst bestimmt hatte – und nicht wie üblich die Kardinäle –, die höchste Instanz in der Kirche zu sein (Konziliarismus) (*Dysfunktionalität* der *traditionalen* Hierarchie in der Papstkirche). Auch an dieser Stelle sei auf die Überlagerung von gleichzeitig *traditionalen* und *modernen* Strukturen innerhalb der Papstkirche hingewiesen: Während die Papstkirche versucht, im Wesentlichen an den *traditionalen* Hierarchien festzuhalten (Papst: oberste Autorität; wird durch Kardinäle gewählt; keine Mitsprache der einfachen Gemeindemitglieder [Laien]), lässt sich mit Blick auf den Anspruch des Konzils, künftig höchste Instanz in der Kirche zu sein, ein beginnender *Modernisierung*sprozess feststellen, der im 15. Jh. zunächst nicht weitergeführt wird und erst im Rahmen der Reformation (v.a. Calvinismus) seine Umsetzung findet: Da im Rahmen des Konzils nicht nur die Kardinäle, sondern mehrere 100 Kirchenvertreter an der Bestimmung des neuen Papstes beteiligt waren, kann hier durchaus von einer Art Demokratisierungsprozess mit erweitertem Mitspracherecht in der Gesellschaft gesprochen werden (→ *modern*). Auch weitere Missstände der Kirche, die vor allem den vom christlichen Ideal abgewandten Lebenswandel und das Verhalten der kirchlichen Vertreter betrafen, wurden nur in Ansätzen oder gar nicht bearbeitet (*Dysfunktionalität* der *traditionalen* christlichen Dogmatik).

Jan Hus scheiterte mit seinem *Revolution*sversuch u.a.auch daran, dass es ihm und seiner Bewegung nicht gelang, den *öffentlichen Raum* zu kontrollieren und somit die *Aktivierung der breiten Bevölkerung* für die Ziele der *Revolution* durchzuführen. Trotz seiner intensiven Bemühungen (Übersetzung der Bibel ins Tschechische, Wanderprediger) gelang es ihm aufgrund der noch *traditionalen* Form der Kommunikation zu Beginn des 15. Jhs. (von Person zu Person; nicht medial unterstützt) nicht, eine ausreichend breite Öffentlichkeit zu erreichen und für sein revolutionäres Vorhaben zu gewinnen. Die sich von Hus` Revolutionsversuch bedrohte *traditionale* Kirche nutzte ihren Einfluss auf den deutschen König Sigismund und lies Jan Hus im Jahr 1415 vor den Toren der Stadt Konstant als Ketzer auf dem Scheiterhaufen verbrennen.

Dennoch musste die von Missständen und Autoritätsverlust in eine massive *Krise* verfallene Kirche der immer stärker nach religiöser Orientierung suchenden Bevölkerung Angebote unterbreiten, wenn die spätmittelalterliche Gesellschaft Europas aufgrund ihrer Angst vor dem »Jüngsten Gericht« nicht vollständig in Panik und Chaos versinken sollte. Da die Kirchenvertreter selbst aus den beschriebenen Gründen keine Orientierungsgröße mehr darstellen konnten (*Dysfunktionalität* der Dogmatik) , rückte nun das materielle und abstrakt gedachte Erbe der Kirche aus der »guten alten Zeit« in den Blickpunkt der frommen Gesellschaft: Gegenständen oder gar Körperteilen, die angeblich von Heiligen stammen sollten (Reliquien), schrieb man die Kraft zu, dass sie bei Berührung oder bereits durch bloße räumliche Nähe einem Gläubigen dabei helfen könnten, sich von seinen Sünden zu befreien und sich damit auf den »Tag des Jüngsten Gerichts« vorbereiten zu können. Die Kirche überwachte diese Reliquien streng und forderte für den Zutritt von den Gläubigen eine Zahlung – ein finanzielles Erfolgsmodell. Der Ablasshandel kann als weitere »Goldgrube« für die Kirche angeführt werden. Hierbei wurde der gläubigen Bevölkerung suggeriert, dass die Heiligen in der frühen Kirchengeschichte ein derart »gottgewolltes« und »sündenfreies« Leben geführt hätten, dass daraus sozusagen ein Überschuss an göttlicher Sündenvergebung entstanden sei (»Gottesgnadenschatz«), den man nun in Krisenzeiten – natürlich nur gegen Bezahlung – an gläubige Menschen weiter geben könne. Die Kirche begann daraufhin mit der Ausstellung sogenannter »Ablassbriefe«, mit denen man sich von seinen Sünden freikaufen konnte. (→ *Reform*: In lediglich leicht veränderter Form bleibt das *traditionale* Prinzip der Sündenvergebung allein durch die Papstkirche erhalten (Dogmatik))

Aus der religiösen Not der Menschen zog die Kirche erheblichen finanziellen Profit. Dadurch verschärften sich jedoch die religiösen Missstände der Kirche zusehends – die Pracht und der Luxus in kirchlichen Kreisen nahmen zu. Während bspw. der Ablasshandel zunächst ausschließlich in Rom zu ausgewählten kirchlichen Feiertagen gewehrt wurde und damit für die Gläubigen mit erheblichen Aufwand verbunden war, führten Kirchenvertreter im ausgehenden 15. und beginnenden 16. Jh. regelrechte Verkaufstouren durch (z.B. Johann Tetzel), bei denen sie auf Marktplätzen für die Ablassbriefe warben und diese vor Ort verkauften. Zudem erweiterte sich auch das Angebot von Ablassbriefen. Während man durch den Kauf eines Ablassbriefes zunächst nur für das eigene »Seelenheil« sorgen konnte, war es ab Ende des 15.Jh. möglich, auch für Verwandte oder bereits verstorbene Menschen Ablassbriefe zu erwerben, um diese aus den »Höllenqualen« befreien zu können.

Martin Luther griff in der Tradition von Jan Hus diese verschärften Missstände der Kirche auf und prangerte sie 1517 durch die Veröffentlichung seiner 95 Thesen an. Von Wittenberg aus startet auch Luthers *Revolutions*versuch zunächst in akademischen (z.B. 1519 Leipziger Disputation zwischen Luther und Eck) und gesellschaftlich elitären Kreisen (→ *Revolution*). Auch Luther wird der Ketzerei bezichtigt und vor verschiedene Ausschüsse geladen (v.a. Reichstag zu Worms 1521), um dort in Diskussionen mit hohen Kirchengelehrten seine Thesen zu erörtern und zum Widerruf bewegt zu werden (→ *Krisenlösungsstrategie Revolution*: Versuch der alten Amtsinhaber Gegenmaßnahmen einzuleiten). Doch anders als Jan Hus gelingt es Martin Luther, der ebenfalls die Bibel in seine Landessprache übersetzte und in Predigten und Reden unermüdlich für seine Sache warb, seine revolutionäre Bewegung zum Erfolg zu führen. Hier zeigt sich deutlich der grundsätzlich offene Verlauf und die Komplexität von *Krisen*situationen: Obwohl Luther in der ersten Phase der Reformation in sehr ähnlicher Weise vorgeht wie etwa 100 Jahre zuvor Jan Hus, hat sich die Situation um 1517 jedoch durch *Modernisierung*sprozesse in ganz anderen Bereichen der Gesellschaft grundsätzlich geändert: Aufgrund der Erfindung des Buchdrucks durch Johannes Gutenberg um 1450 in Mainz (→ *modern*: Kommunikation nicht mehr von Person zu Person, sondern medial unterstützt) ist es Luther möglich, eine deutlich breite Öffentlichkeit über seine reformatorischen Inhalte zu informieren (z.B.

durch Flugblätter oder Liedertexte[3]) und diese zu aktivieren, als es Hus möglich war (→ *Träger der Revolution*). Damit bestand für viele Menschen zu Beginn des 16. Jhs. zum ersten Mal überhaupt eine *moderne* Alternative zum *traditionalen* Kirchen- und Religionswesen des Früh- und Hochmittelalters. Der Erfolg der reformatorischen Lehre Luthers begründete sich zudem auch in den sich veränderten Herrschaftsverhältnissen des beginnenden 16. Jhs., wie im nächsten Abschnitt ausführlicher dargelegt werden wird.

Luthers *reformatorische* Lehre beeinflusste aber nicht nur Menschen im Deutschen Reich, sondern auch in anderen europäischen Ländern. Daher bildeten sich sowohl im Deutschen Reich, wie auch im restlichen Europa Gruppierungen, die Luthers reformatorische Ansätze aufnahmen und in verschiedene Richtungen weiterentwickelten bzw. sogar radikalisierten. Zu den wichtigsten Gruppierungen zählten die »Calvinisten« (nach dem Schweitzer Reformator Johannes Calvin, 1509-1564), die als gemäßigte Bewegung einen maßgeblichen Einfluss v.a. auf die anglikanische Kirche in England (Puritaner) und damit auch auf die religiösen Strukturen in den britischen Kolonien in Nordamerika hatte, und die deutlich radikalere »Täuferbewegung«, welcher auch der revolutionäre Bauernanführer Thomas Müntzer angehörte.

Allen reformatorischen Gruppierungen gemeinsam waren die alleinige Orientierung an der Bibel (»sola scriptura« → neuplatonische Lehre) und damit verbunden die Ablehnung der Institution Kirche und ihrer Vertreter als notwendige Unterstützer der Gläubigen bei der Gestaltung eines sündenfreien Lebens. Allein nur durch den eigenen wahren Glauben (»sola fide« → neuplatonische Lehre) und die eigene Auslegung der Bibel könne man Sündenvergebung erfahren.

Zentrale Unterschiede bildeten sich zwischen der ursprünglichen Reformationslehre Luthers und der Bewegung der Calvinisten sowie der Täufer hinsichtlich ihrer Ansichten zur Neuorganisation der Kirche nach dem Niedergang der Papstkirche und ihrer Haltung gegenüber

---

3 *Da das allgemeine Bildungsniveau zu dieser Zeit noch gering war, wirkten von der reformatorischen Lehre überzeugte Pfarrer, Mönche oder Gelehrte meist als Vorleser- bzw. Singer.*

weltlichen Herrschern heraus. In der calvinistischen Lehre wurde den Laien (einfache Gemeindemitglieder ohne jegliches Amt) erstmals eine Bedeutung innerhalb der Kirchenorganisation zugewiesen. Die erwachsenen männlichen Gemeindemitglieder der calvinistischen Kirche wählten einen Gemeinderat, der mit für die Leitung der Kirchengemeinde zuständig war. Die kirchliche Eigenverwaltung der calvinistischen Lehre trägt damit erstmals demokratische Züge (→ *modern:* Partizipation an Entscheidungsprozessen). Hier besteht ein deutlicher Unterschied zu den Landeskirchen, die nach Vorgabe Luthers im Deutschen Reich entstanden und in denen der jeweilige Landesherr an der Spitze der Kirche stand und diese kontrollierte (→ *traditional*).

Trotz des beabsichtigten Autoritätsverlustes des Papstes und der hohen kirchlichen Vertreter lehnte Luther in seiner reformatorischen Lehre eine Aufhebung des Gehorsams und der Demut gegenüber weltlichen Autoritäten unter allen Umständen strikt ab (→ *traditional*). Diese Haltung Luthers wurde bereits von vielen Zeitgenossen als widersprüchlich empfunden, lag aber vor allem in dem Umstand begründet, dass Luther ohne die intensive Unterstützung seines weltlichen Landesherren Kurfürst Friedrich von Sachsen die reformatorische Bewegung hätte in der bekannten Art und Weise überhaupt nicht vollziehen können und wohl eher das Schicksal seines Vorgänger Jan Hus geteilt hätte, indem man ihn als Ketzer verbrannt hätte (Zu diesen Zusammenhängen steht im Abschnitt »Politik« mehr geschrieben). Im Sinne eines *Modernisierung*sprozesses etwas fordernder, aber gemäßigt positionierte sich bei diesem Thema Calvin. Er räumte den weltlichen Herrschern zwar grundsätzlich einen religiös begründbaren Machtanspruch ein, begrenzte diesen aber dahingehend, dass das Tun und Handeln des weltlichen Herrschers mit der Bibel im Einklang stehen müsse. Sei dies nicht der Fall, hätte die gläubige Gemeinde das Recht, Widerstand gegen ihren weltlichen Herrscher zu leisten (→ *Modernisierung:* Kontrolle und Transparenz von Macht). Die Täufer-Bewegung schließlich vertrat hinsichtlich der Intensität an Modernisierung einen radikalen Standpunkt: Sie lehnten alle weltlichen Autoritäten konsequent ab (→ *Modernisierung:* Gleichheitsideal). Damit einher ging ihre Forderung, Lehnsdienste- und Abgaben einzustellen oder zumindest stark zu verringern (→ *Modernisierung:* Verbesserung der Einkommensverhältnisse).

Politik. Ausgehend von der neuplatonischen Lehre, die in verschiedenen reformatorischen Bewegungen in Europa ihren praktischen Ausdruck fand, bewirkte der Autoritätsverlust des Papstes und der Institution Kirche aufgrund der *traditional* engen Verbindung von Kirche und Herrschaft (»Gottesgnadentum«) folgerichtig auch eine deutliche Schwächung der Machtposition des deutschen Königs bzw. Kaisers als »gottgewollten«, weltlichen Herrscher und hob damit schrittweise dessen Funktion als oberster Lehnsherr auf. Die Richtigkeit ihrer Abkehr von der Vorstellung eines »gottgewollten« weltlichen Herrschers sahen die gläubigen Menschen des Spätmittelalters zudem ab Mitte des 14. Jhs. durch Pest, Unwetter und Hungerkatastrophen bestätigt. Der weltliche Herrscher schien in ihrer Wahrnehmung tatsächlich keine göttliche Unterstützung zu haben, konnte seinen zentralen Pflichten als »gottgewollter« Herrscher nicht mehr nachkommen. Diese Schwäche der obersten Zentralgewalt nutzten zunächst der hohe Adel und hohe Kirchenvertreter, um sich als Kronvasallen von ihrer persönlichen Bindung zum König zu befreien und eigenständige Machtbereiche aufzubauen.

Doch bevor verstärkt ab dem 15. Jh. der *Modernisierung*sprozess im religiösen Bereich intensive Auswirkungen auf die politischen Strukturen in Europa hatte, sind es zunächst logistische und organisatorischen Herausforderungen der Herrschaftsausübung, die zunehmend zu Konflikten zwischen König und Kronvasallen und letztlich zum politischen Kontrollverlust des Königs führen: Dieses Problem gipfelt im deutschen Territorium zunächst in der Auseinandersetzung zwischen dem deutschen Kaiser Friedrich Barbarossa und seinem Kronvasallen Heinrich dem Löwen von Sachsen im Jahr 1176/77. Barbarossa regierte sein Reich »aus dem Sattel«, d.h. er zog mit seinem Gefolge von Pfalz zu Pfalz, um dort die notwendigen Anliegen und Aufgaben zu erledigen, es gab keinen zentralen Regierungssitz. Da Barbarossa sein Reich durch Eroberungen v.a. im Süden und Osten deutlich erweitert hatte und dort zunächst gebunden war, war es aufgrund der langen und teils mühsamen Reisen keine Seltenheit, dass er in verschiedenen Teilen seines Reiches oft jahrelang nicht erschien. Heinrich der Löwe nutzte diese Abwesenheit des Kaisers und baute seine Machtbasis zum einen durch eigenständige Eroberungen und Städtegründungen (z.b. München oder Braunschweig) aus, wodurch er neben dem deutschen Kaiser selbst zu einem der mächtigsten Territorialherren in Europa wurde (→ *Krise*: Dysfunktionalität des traditionalen Lehnswesens). Zum anderen verdeutlichte er seinen Anspruch auf Eigenständigkeit dadurch, dass er sich in verschiedener Weise öffentlich als »gottgewollter« Herrscher darstellen ließ (z.B. Krönungsbild auf dem Evangeliar Heinrichs des Löwen). Damit trat Heinrich der Löwe in direkte Konkurrenz zu Kaiser Barbarossa (→ *Krise*: Dysfunktionalität des traditional religiös begründeten Herrschaftsanspruchs [»Gottesgnadentum«]). Als Barbarossa seinen Kronvasallen 1176 aufforderte, ihn bei einem Feldzug nach Italien zu unterstützen, probte Heinrich den Aufstand, knüpfte weitere Bedingungen an seine Gefolgschaft und verstieß damit gegen seine im Lehnswesen verankerten Pflichten gegenüber seinem Lehnsherren: Er forderte die dauerhafte Vergabe eines Lehns an seine Person. Barbarossa lehnte diese Forderung ab. Mit Hilfe des nach heftigen Spannungen (Friede von Venedig 1177) wieder hergestellten Bündnisses mit dem Papst gelang es Barbarossa, seinen »gottgewollten« Herrschaftsanspruch geltend zu machen und Heinrich den Löwen zu entmachten. Obwohl sich Barbarossa gegenüber Heinrich behaupten konnte und damit die *traditionalen* Religions- und Herrschaftsstrukturen des Früh und Hochmittelalters noch einmal ihre *Funktionalität* bewiesen hatten, wurden die Anzeichen für eine *Dysfunktionalität* des politischen Systems in den folgenden Jahren immer deutlicher. Den folgenden Generationen von Königen und Kaisern sollte es zunehmend schwer fallen, ihren Anspruch auf die Zentralgewalt auf religiöser Basis durch die Vergabe eines »Gottesgnadentums« gesellschaftlich legitimieren zu können (→ *traditional*). Mit der »Goldenen Bulle« von 1356 wurde die weitgehende Eigenständigkeit der Kronvasallen schließlich erstmals rechtlich festgeschrieben (→ *modern*:

Recht wird in einem formellen Vertrag festgeschrieben). Damit war eine wesentliche verfassungsmäßige Veränderung vollzogen. Kaiser Karl IV. verfasste zum Hoftag in Nürnberg gemeinsam mit den deutschen Fürsten dieses »Kaiserliche Rechtsbuch«, welches den Fürsten ihre zum Teil schon seit Längerem bestehenden Kompetenzen nun dauerhaft und verbindlich zusicherte:

- Bestimmung des deutschen Königs bzw. Kaisers durch die Wahlentscheidung der sieben Kurfürsten: Damit vollzog sich endgültig der Wechsel von einer Erbmonarchie zu einer Wahlmonarchie – eine Besonderheit, die es in bspw. in Frankreich oder England nicht gab
(→ schrittweise Auflösung der uneingeschränkten Alleinherrschaft)

- dauerhafte und erbliche Verleihung und Bestätigung aller bestehenden (Lehns-)Besitzungen, Rechte, Privilegien und Freiheiten
(→ beginnende Einschränkung von Herrschaft)

- Pflicht des Königs zur regelmäßigen Einberufung einer Versammlung und Beratung mit allen Kurfürsten (Reichstage)
(→ Kontrolle der Regierung [jedoch noch nicht mit der *modernen* Zielsetzung »zum Wohl des Volkes])

Auf diese Weise wurden die Kronvasallen, die im früh- und hochmittelalterlichen Lehnswesen in direkter Abhängigkeit vom König bzw. Kaiser lediglich dessen Territorien als zeitlich begrenzte Leihgaben verwalteten, Herren der jeweiligen Territorien (»Territorialherren«) und hatten nun beinahe allumfassenden und einen für Generationen gesicherten Zugriff auf ihre Ländereien. Der König als zuvor mächtigste Person und Zentralgewalt im Reich spielte seitdem im Lehnssystem des Spätmittelalters und zu Beginn der Frühen Neuzeit eine zunehmend untergeordnete Rolle. Aus dieser Situation heraus erklärt sich auch die konsequent ablehnende Haltung Martin Luthers gegenüber anderen reformatorischen Bewegungen (v.a. Täufer/ Thomas Müntzer – Bauernkrieg), die anders als Luther nicht mehr nur die kirchlichen Autoritäten ablehnten, sondern die neuplatonische Lehre weiterführend auch die Autorität der weltlichen Herren in Frage stellte und diese ablehnte. Für Luther stellte diese – wenn auch inhaltlich inkonsequente Haltung eine Art »Lebensversicherung« dar. Ohne die Unterstützung seines Territorialherren Kurfürst Friedrich dem Weisen von Sachsen wäre Luther der Gewalt des Kaiser Karls V. schutzlos ausgeliefert gewesen und hätte mit hoher Wahrscheinlichkeit ein ähnliches Schicksal erlitten wie sein reformatorischer Vorgänger Jan Hus. Die reformatorische Bewegung wäre wahrscheinlich erneut durch die Gegenwehr der *traditionalen* Strukturen zum Erliegen gekommen.

Mit der zunehmenden Verbreitung der neuplatonischen Lehre wurde nach der Einschränkung der Alleinherrschaft des Königs bzw. Kaisers im 14. Jh. und im Verlauf des 15. Jhs. in einem zweiten politischen *Modernisierungs*sschritt der Versuch unternommen, auch die Machtposition der Territorialherren in ihrer Funktion als Lehnsherrn gegenüber der einfachen Landbevölkerung zunehmend in Frage zu stellen. Ausgehend von den Ideen der neuplatonischen Lehre (Gleichheitsprinzip: Alle Menschen sind vor Gott gleich.) ist es der Revolutionär Thomas Müntzer, der den Versuch unternahm, die *traditionalen* politischen Strukturen des Früh- und Spätmittelalters maßgeblich zu verändern und zu *modernisieren*. Im Kontext des Bauernkrieges von 1524-1526 erfolgten erstmals die Formulierung von einzelnen Freiheitsrechten für die einfache Bevölkerung und damit der Versuch, die im *traditionalen* Lehnswesen verankerte völlige Rechts- und Besitzlosigkeit dieser Gruppe der Gesellschaft aufzuheben. Mit der Abfassung der »12 Artikel der Bauern«, die von einem Kongress von etwa 50 Vertretern verschiedener süddeutscher Bauernvereinigungen erstellt worden waren (→ *Revolution*: Vorläufer späterer neuer politischer Institutionen entstehen [Parlament]), lag in Grundzügen der erste Grundrechtskatalog der europäischen Geschichte vor. Mit Berufung auf die Bibel als alleinige Instanz forderten sie u.a.:

- persönliche Freiheit: Abschaffung der Leibeigenschaft

- Religionsfreiheit: freie Wahl des Dorfpfarrers

- eine deutliche Verbesserung ihrer wirtschaftlichen Situation: Abschaffung verschiedener Steuern und Abgaben; deutliche Reduzierung der Lehnsdienste; freie Nutzungsrechte an Wäldern, Wasserläufen und Feldern (Allmende)

- Rechtssicherheit durch verbindliche Festschreibung von z.B. Strafen

Der *Revolution*sversuch scheiterte zum einen jedoch maßgeblich dadurch, dass die Bauern kaum durch akademische Elite unterstützt wurden, die mit entsprechendem Wissen und Erfahrung eine *Modernisierung* der Gesellschafts- und Regierungsordnung im Sinne der bäuerlichen Revolutionäre hätte organisieren können (→ Träger der *Revolution*). Zum anderen besaßen die Amtsinhaber des *traditionalen* Systems das Gewaltmonopol (→ *Revolution*: Kontrolle des öffentlichen Raums und Einsatz von Gewalt). Die Truppen der Bauern konnten sich zwar u.a. mit landwirtschaftlichen Geräten und Werkzeugen provisorisch bewaffnen, doch stellte ihre Wehrkraft für die im Kriegshandwerk geübten Truppen der Territorialherren keine nennenswerte Gefahr dar. Dementsprechend endete eine der wichtigsten Schlachten des Deutschen Bauernkrieges am 15. Mai 1525 am Schlachtberg bei Frankenhausen (Thüringen) mit einem furchtbaren Blutbad an den Bauern. Ihr Anführer Thomas Müntzer wurde gefangen genommen und einige Tage später in Mühlhausen öffentlich gefoltert und hingerichtet. Ein ähnlich brutales Ende fanden zahlreiche weitere Anführer der Täufer-Bewegung in verschiedenen Teilen des deutschen Territoriums, wie z.B. Jan van Leyden, der mit extrem fundamentalchristlichen Ansichten in den 1530er Jahren mit dem »Münsteraner Täuferreich« ein »neues Jerusalem« schaffen wollte. Er wurde nach der Rückeroberung der Stadt gemeinsam mit anderen Anführern öffentlich zu Tode gefoltert und die Leichen wurden anschließend zur

Abschreckung in Eisenkäfigen an die Münsteraner Lambertikirche gehängt. Die radikal-reformatorischen Bewegungen scheiterten mit ihren politischen *Modernisierung*sabsichten. Dennoch wurde durch diese politischen Ereignisse im Spätmittelalter der Anspruch der einfachen Bevölkerung auf politische Teilhabe erstmals verbindlich formuliert und eingefordert.

An dieser Stelle muss zudem auf den besonderen Rechtsraum der spätmittelalterlichen Städte hingewiesen werden: Die Städte und ihre Bewohner wurden bis etwa zum 11. Jh. im Wesentlichen in gleicher *traditionaler* Weise durch das Prinzip der Grundherrschaft und des Lehnswesen verwaltet wie das ländliche Territorium. Ab etwa dem 12. Jh. fanden in den Städten jedoch *Modernisierung*sprozesse statt, die zu deutlichen Unterschieden in der v.a. gesellschafts-politischen Struktur in der Stadt bzw. auf dem Land führten:

Dabei trat den Stadtherren die Stadtgemeinde als wichtiger politischer Faktor gegenüber. In ihre Hände gelangten immer mehr Rechte, die der Stadtherr zuvor selbst oder durch ihn eingesetzte Beamte ausgeübt hatte. Als politisches Organ der Stadtgemeinde trat dem Stadtherren der »Rat« der Stadtgemeinde gegenüber. Mitglied der Stadtgemeinschaft war jedoch nur, wer Bürgerrecht besaß. Dieser Kreis beschränkte sich weitgehend nur auf die Ober- und Mittelschicht. Der Bewerber entrichtete ein Aufnahmegeld und verpflichtete sich in einem Bürgereid zur Einhaltung der städtischen Rechtsordnung und zur Erfüllung aller finanziellen und militärischen Verpflichtungen. Dafür genoss er den besonderen Schutz der Stadt, der seine Rechtssicherheit garantierte. Zwar persönlich frei, aber politisch rechtlos und sozial der Unterschicht zugehörig waren alle unselbstständigen Lohnempfänger: Gehilfen, Knechte, Tagelöhner, Handwerksgesellen oder Mägde. Ebenso vom Bürgerrecht ausgeschlossen blieben Kranke und Arme. Nicht aufgrund einer schlechten wirtschaftlichen Situation, sondern wegen ihrer Tätigkeit in »unehrlichen Berufen« zählten z.B. Henker, Abdecker, Prostituierte oder Schausteller zu den sozial Verachteten. Zur Mittelschicht gehörten Kleinhändler, Fuhrleute, vorwiegend aber Handwerker. Besonders die für den gehobenen Bedarf und Export zuständigen Gewerbe profitierten vom Aufschwung des Handwerks im 14. Jh. Kennzeichnend für das städtische Handwerk war der Zusammenschluss der Handwerksmeister eines Gewerbes in Zünften. Diese regelten nicht nur wirtschaftliche und berufliche Angelegenheiten. Sie bildeten eine Art Lebensgemeinschaft. Zunftmitglieder halfen sich bei Krankheit oder in anderen Notfällen gegenseitig und kümmerten sich um die Versorgung von Witwen und Waisen. Wenn die Städte angegriffen wurden, übernahm jede Zunft bestimmte vorher festgelegte militärische Aufgaben. Den Zünften ging es in erster Linie darum, Herstellung und Absatz ihrer Produkte gemeinsam zu regeln und dem einzelnen Zunftmitglied ein ausreichendes Einkommen zu garantieren. Gemeinsam wurde die Rohstoffbeschaffung organisiert, Produktionsverfahren festgelegt und Verkaufspreise abgesprochen. Es bestand Zunftzwang. Die Zunft entschied über die Aufnahme neuer Mitglieder, legte die Zahl der Gesellen und Lehrlinge fest und regelte die Ausbildung des Nachwuchses. Den Käufern handwerklicher Produkte kam die von der Zunft organisierte Qualitätskontrolle zu Gute. »Pfuscharbeit« einzelner Mitglieder wurde nicht geduldet. Die Aufnahme in die Zunft war an bestimmte Voraussetzungen, etwa ein Vermögensminimum, gebunden. Meister, Meisterfrau und Gesellen mussten ehelicher Abstammung sein. Nichtchristen (z.B. Juden) konnten keiner Zunft beitreten. Weil die Zahl der Zunftmitglieder beschränkt blieb, hatten viele Gesellen kaum eine Chance, sich als Meister selbstständig zu machen. Es entstanden eigene Gesellenverbände, die ihre spezifischen Interessen gegenüber den Meistern durchzusetzen suchten. Nicht überall konnten die Zünfte ihre Ziele uneingeschränkt erreichen. In welchem Umfang das gelang, war abhängig von der städtischen Obrigkeit (Stadtherr oder Rat). In jedem Fall gewannen die handwerklichen Zünfte an politischer Bedeutung. Bei der Emanzipation der Stadtgemeinde von ihrem Stadtherrn hatte die reiche Oberschicht (Kaufmannsfamilien, verselbstständigte Ministerialien (z.B. Schultheiß)) die entscheidende Rolle. Dieser Personenkreis bildete das Patriziat, die gesellschaftliche und politische Führungsschicht in den aufblühenden Städten. Grundlage der Macht und des Ansehens der vornehmen »Geschlechter« waren der durch den Fernhandel erworbene Reichtum oder das Prestige der ministerialen Oberschicht. Allerdings bildeten die Angehörigen der Oberschicht keine ein für alle Mal abgeschlossene Schicht. Reich gewordene Handwerksmeister konnten ebenso in den Kreis der Patrizier aufsteigen wie verarmte Familien ihre Zugehörigkeit zu diesem Kreis wieder verlieren konnten. Die Gesellschaftsordnung war also nicht starr, sondern ließ eine gewisse Mobilität zu (→ *modern*: soziale Mobilität). Nach der Gewinnung der städtischen Autonomie beanspruchte das Patriziat das alleinige Stadtregiment. Nur seine Angehörigen hatten Sitz und Stimme im Rat, in dem über Angelegenheiten und die äußere Politik der Stadt entschieden wurde. Ab dem 14. Jh. kam es innerhalb der städtischen Einwohnerschaft zu Kämpfen um Macht und Verfassung (→ Revolution: Einsatz von Gewalt). Entscheidend dabei waren vor allem die Interessen der wohlhabenden Zünfte und besonders angesehener, aber am Stadtregiment nicht beteiligter Kaufmannsfamilien. Diese ökonomisch erstarkten Gruppen wurden maßgeblich zur Aufbringung der städtischen Lasten herangezogen und verlangten nun Teilhabe an der politischen Macht (→ modern). Die Bürgerkämpfe verliefen von Stadt zu Stadt anders. Nicht überall kam es zu gewaltsamen Aufständen. In Nürnberg verjagten die Aufständischen den Rat und wurden dann rücksichtslos niedergeschlagen, die Zünfte blieben verboten. Oft wurden die Zünfte jedoch in einem erweiterten Rat am Regiment beteiligt, manchmal stellten sie sogar die Mehrheit im neuen Rat (Augsburg), gelegentlich trat ein völlig neuer Rat an die Stelle des alten patrizischen Rats (Köln). Die mit Beginn der Frühen Neuzeit errungene soziale Durchlässigkeit wurde jedoch sofort wieder erschwert. Im selben Maß, wie die Patrizier sich von dem wirtschaftlich aufholenden Bürgertum durch »Ahnennachweis« und vergleichbare Maßnahmen abzuheben versuchten, bauten die bürgerlichen Ratsfamilien eigene Schranken auf (→ *traditional*: gesellschaftliche Hierarchien). Kleiderordnung und ähnliche Reglementierungen sollten ständische Unterschiede in der Stadt festhalten.

Politische *Modernisierung*sprozesse sind im ausgehenden Hoch- und vor allem im Spätmittelalter auch in England und damit im Mutterland der britischen Kolonien in Nordamerika zu beobachten. Auch hier lässt sich – ähnlich wie im deutschen Territorium – feststellen, dass zunächst einzelne Aspekte der praktischen Herrschaftsausübung (v.a. die Kontrolle der Finanzen) zu immer größeren Spannungen zwischen dem König und seinen Kronvasallen (hohe Vertreter von Adel und Kirche) führten. Nachdem König Wilhelm I. das Lehnswesen als Gesellschaftssystem in England etabliert hatte, musste bereits sein Nachfolger Heinrich I. um 1100 dem hohen Adel und Klerus Zugeständnisse in Form besonderer Privilegien und Rechte bezüglich ihres Lehns einräumen. Diese Sonderrechte und Freiheiten wurden in der »Charter of Liberties« schriftlich festgehalten. Während Heinrich I. seine zentrale Machtposition – ähnlich wie Kaiser Friedrich Barbarossa im Deutschen Reich – trotz der Einschränkung im Wesentlichen behaupten konnte, war unter seinem Nachfolger König Stephan von Blois die *Dysfunktionalität* des *traditionalen* Herrschaftssystems in England unübersehbar: England versank in einen 20 Jahre andauernden Bürgerkrieg (1134-54) (→ Revolution: Gewalt), in dem die Kronvasallen ihre Machtposition gegenüber dem König weiter ausbauen konnten. Als schließlich Heinrichs Enkel, König Johann, aufgrund einer ganzen Reihe erfolgloser Feldzüge und damit einhergehend nicht unwesentlicher Gebietsverlust in Finanznot geriet, forderte er von seinen Kronvasallen enorme Summen, die dessen Lehnspflichten deutlich überstiegen (→ *Krise:* Dysfunktionalität des traditionalen Lehnswesens). In Furcht um ihre wirtschaftliche Existenz, verwiesen die englischen Adeligen 1213 in einer Zusammenkunft mit Vertretern des Königs auf die 1100 erlassene und seitdem kaum beachtete »Charter of Liberties«, welche die Machtfülle des Königs beschränkte und Sonderrechte- und Freiheiten für den Adel vorsah. Als König Johann im Folgejahr nach einem weiteren erfolglosen Feldzug gegen Frankreich erneut hohe Abgaben von seinen Kronvasallen forderte, kam es zur Wirtschafts- und Regierungs*krise*. Es kam zu Revolten und der Adel verlieh seinen Forderungen mit Waffen*gewalt* Nachdruck. Der englische König Johann lenkte schließlich ein und bestätigte seinen Kronvasallen am 15. Juni 1215 in Form der »Magna Carta Libertatum« – ähnlich der Goldenen Bulle von

1356 im deutschen Territorium, welcher die Magna Charta als Vorlage diente – weitreichende Privilegien und Sonderrechte:

- Entstehung einer Versammlung aus 25 gewählten Vertretern des Adels und der Kirche, welche als eine Art Kontrollgremium die Regierung des Königs überwachte und bei Verstößen dazu berechtigt war notfalls sogar militärisch gegen den König vorzugehen.
  (→ *Modernisierung*: Kontrolle der Herrschaft, jedoch nur sehr bedingt im Sinne des Volkes).

- Keine Gesetzte und Entscheidungen können ohne Zustimmung der Adelsversammlung beschlossen werden (insbesondere bzgl. Steuern und Militär)
  (→ *Modernisierung*: Ansatz von Gewaltenteilung).

- Festschreibung von persönlichen Freiheitsrechten zunächst nur für den Adel, später auch für alle freien Bürger: u.a. Schutz der persönlichen Freiheit, Schutz des persönlichen Eigentums. Inhaftierungen oder andere Bestrafungen durften ausschließlich auf Grundlage der bestehenden Landesgesetze vollzogen werden. (→ *Modernisierung*: formelle und vertragliche Festsetzung von Freiheitsrechte; jedoch war ein Großteil der englischen Gesellschaft im 13. Jh. durch die nach wie vor bestehende Grundherrschaft unfrei).

Mit diesem Dokument war der König bei der Ausübung und Gestaltung seiner Herrschaft erstmals in der europäischen Geschichte an ein Gesetz gebunden und muss sich mit Adels- und Kirchenvertretern absprechen. An dieser Stelle lässt sich im Vergleich zum *traditionalen*, auf dem »Gottesgnadentum« beruhenden Herrschaftsanspruch des Königs ein deutlicher *Modernisierung*sschritt ausmachen. Die eigentlich *revolutionäre* Bedeutung dieses Dokumentes setzte sich jedoch im 13. bis 15. Jh. zunächst nur sehr bedingt durch, da die Gültigkeit der Magna Carta Libertatum seitens der englischen Könige immer wieder in Frage gestellt wurde und vom Adel neu errungen werden musste. Erst im Verlauf des 16. und noch deutlicher im 17. Jh. konnte die Magna Carta Libertatum im Zusammenwirken mit anderen Faktoren (v.a. protestantische Bewegungen: Luther, Calvin, Täufer- Bewegung) sowohl in England, wie auch in den zu dieser Zeit entstehenden britischen Kolonien in Nordamerika eine deutlich intensivere politische Wirkkraft entfalten.

Wie gerade erwähnt, wurde im weiteren Verlauf des 13. Jh. die Rechtmäßigkeit des Dokuments durch den englischen König immer wieder in Frage gestellt – ein andauerndes Hin-und-her zwischen dem König und seinen Kronvasallen begann. Der Einfluss der *traditionalen* katholischen Kirche im ausgehenden Hochmittelalter war noch zu stark und der Papst konnte mit Verweis auf einen »gottgewollten« Herrscher die gläubige Gemeinde von der Autorität des Königs überzeugen und die Magna Carta 1215 außer Kraft setzen (→ *traditional*: enge Bindung zwischen Kirche und Herrschaft). Hier zeigt sich, dass *Modernisierung*sprozesse auch wieder aufgehoben werden können und nicht immer einseitig von *traditional* zu *modern* verlaufen müssen. Die Kronvasallen – nun wieder an ihre Pflichten innerhalb des *traditionalen* Lehnswesens gebunden – mussten sich schließlich nach mehreren gewaltsamen Auseinandersetzungen der Zentralgewalt des Königs beugen.

Durch einen erneuten Bürgerkrieg von 1215 bis 1217 gelang es den englischen Adeligen durch geschickte Personalpolitik dennoch, die Gültigkeit der Magna Carta wiederherzustellen. Nachdem sich der Adel militärisch nicht gegen den nach wie vor einflussreichen und durch große Teile der Gesellschaft weiterhin akzeptierten König (»Gottesgnadentum«) durchsetzen konnte, bot man im Frühjahr 1216 dem französischen König Ludwig (ein angeheirateter Verwandter Johanns) die englische Königskrone an. Dieser unterstützte mit französischen Truppen die Revolte der Kronvasallen in England in deren Sinne und ließ sich nach kampfloser Übernahme Londons und dem Rückzug Johanns zum neuen König Englands ausrufen. In den sich anschließenden Auseinandersetzungen hatte sowohl Johann wie auch Ludwig mit Problemen und Herausforderungen zu kämpfen, so dass letztlich keine klare Entscheidung herbeigeführt werden konnte. Als König Johann schließlich im Oktober 1216 verstarb, ließen seine Anhänger seinen noch minderjährigen Sohn Heinrich zum neuen König von England ausrufen und stellten diesem mit William Marshall einen erfahrenen Vormund zur Seite. Der junge Heinrich III. genoss die Unterstützung des neuen Papstes Honorius III., der ihm die Lehnshoheit in England sicherte (→ *traditional*). Zudem akzeptierte Marshall im November 1217 eine überarbeitete Fassung der Magna Carta, der zufolge die Kontrolle über die Einhaltung der Bestimmungen nicht mehr den Vertretern des Adels, sondern dem Papst unterlag. Diese Umstände brachten Heinrich III. zunehmende Unterstützung in Kreisen der Kronvasallen ein und führten schließlich dazu, dass Friedensverhandlungen zwischen den beiden konkurrierenden Parteien zustande kamen, die mit dem friedlichen Rückzug Ludwigs aus England endeten. Doch auch mit der im Jahr 1225 vollzogenen formalen Anerkennung der Magna Carta durch den nun volljährigen Heinrich III. endeten die Spannungen zwischen Kronvasallen und König nicht.

Während im Kontext des Bürgerkrieges von 1215 bis 1217 die Kronvasallen zunächst nur eine Kontrolle der königlichen Macht forderten, verfolgte man ab Ende der 1250er Jahre die Forderung nach einer Regierungsbeteiligung (→ *Modernisierung*: politische Teilhabe an der Regierung). Als neben mehreren Missernten Mitte des 13. Jhs. erneut vor allem erfolglose Kriege zu starken finanziellen Problemen des englischen Königs führten, die durch erneut außerhalb der Lehnspflicht stehende Sonderzahlungen der Kronvasallen behoben werden sollten, sahen diese ihre in der Magna Carta vereinbarten Rechte verletzt (→ *Krise*: Dysfunkionalität des Lehnswesens). Die Kronvasallen nutzten diese Krise um ihren Einfluss auf die Regierung in oben beschriebener Weise zu steigern: Die Kronvasallen willigten ein, den König finanziell und militärisch zu unterstützen, wenn dieser der Bildung einer Versammlung aus Vertretern des Adels und des Königs zustimmte, welche künftig in Regierungsangelegenheit mit einzubeziehen sei. Da König Heinrich III. aus militärischen Gründen unter erheblichen Entscheidungsdruck stand, stimmte er dem Vorschlag widerwillig zu. Doch aufgrund der schlechten politischen

Lage fiel es ihm schwer, ausreichend viele Vertreter zu finden, die in der Versammlung für seine Sache stimmen würden. Heinrich III. konnte nicht die 12 Vertreter stellen, die ihm 50% des Stimmrechts in der 24-köpfigen Versammlung hätten sichern können. Die Vertreter des Adels nutzen diese Schwäche des Königs umgehend aus, überstimmten ihn und beendeten die kostenintensiven Kriege (v.a. mit Frankreich). Weitere *Reformen* (»Provisions of Oxford« (1258) und »Provisions of Westminster« (1259)) schränkten die Macht des Königs stark ein und übertrugen dem englischen Hochadel weitgehend die Herrschaft. In diesem Zusammenhang beschlossen die Kronvasallen die Einsetzung eines weiteren Gremiums (königlicher Rat), welcher de facto die Herrschaft übernahm und den König entmachtete (dennoch keine → *Revolution*, da keine schnellen und tiefgreifenden Veränderungen stattfinden, sondern vielmehr bestehende Machtstrukturen durch neues Personal besetzt wird). In den folgenden Jahren kämpften die Kronvasallen und der König mit wechselndem Erfolg um die Macht. Nachdem es Heinrich III. 1262 u.a. mit der Hilfe des Papstes, aber auch aufgrund von zunehmender Spannungen innerhalb des Adels zunächst gelungen war, zentrale *Reformen* (»Provisions of Oxford« 1258 und »Provisions of Westminster« 1259) rückgängig zu machen und die Macht in England wieder zu übernehmen, setzten zahlreiche Vertreter des Hochadels unter Führung von Simon de Monfort den König schließlich derart unter Druck, dass dieser genötigt war, die eben genannten *Reformen* erneut anzuerkennen, wie auch deren Erweiterung: In »Monfort`s Parlament« waren im Jahr 1265 zudem erstmals in der Geschichte Englands neben den Vertretern des Hochadels auch Vertreter des niederen Adels und Bürgervertreter der großen Städte anwesend, die durch Wahlen bestimmt wurden (→ *Modernisierung*: politische Partizipation). Gleichsam muss betont sein, dass Monforts diese Maßnahme unternahm, um seine eigene Machtstellung gegenüber der adeligen Konkurrenz behaupten zu können und vornehmlich nicht, um dem Wohle des Volkes zu entsprechen. Da die zunehmende Machtposition Monforts in den Kreisen des englischen Hochadels umstritten war, gelang es schließlich König Heinrich III. durch geschickte Bündnispolitik und die Anerkennung der Magna Carta sowie einer abgeänderten Form der Provisions of Westminster seine Macht weitgehend zurückzuerlangen und den Bürgerkrieg mit einer Kompromisslösung beizulegen. Es kann an dieser Stelle festgehalten werden, dass sich mit Beginn des Spätmittelalters in England bereits ein politisches System entwickelt hatte, in welchem die politische Macht des Königs stark eingeschränkt war und sowohl der Adel als auch die Kirche und das Bürgertum ein entsprechendes Mitspracherecht besaß. Die Beständigkeit und der Umfang dieses Mitspracherechts schwankte jedoch – wie eben im Überblick beschrieben – je nach politischer Lage noch erheblich.

Dies änderte sich jedoch ab dem 16. und 17. Jh. mit dem Beginn und der zunehmenden Verbreitung der reformatorischen Lehre, deren Konflikt mit der katholischen Kirche neben den politischen Konflikt zwischen Parlament und König trat. Nachdem also in England durch die Magna Charta 1215 der entscheidende Anstoß für politische *Modernisierung*sprozesse in Europa geliefert wurde und durch die Übernahme zentraler politischer *Modernisierung*smaßnahmen im deutschen Territorium (z.B. Goldene Bulle 1356) für Martin Luther (anders als z.B. für Jan Hus) die Möglichkeit bestand, durch die Reformation die Spaltung von Kirche und Herrschaft herbeizuführen und damit dem *traditionalen* religiös begründeten Herrschaftsanspruch des Königs die Legitimation zu entziehen, kam dieser Impuls nun in Form der anglikanischen Kirche nach England zurück und legitimierte schrittweise die bereits seit dem 13. Jh. errungenen politischen *Modernisierung*sschritte. Bis zur Regierungszeit Heinrich VIII. (1509-1547) waren alle englischen Könige Katholiken und folgten dem *traditionalen*, seit dem Frühmittelalter bestehenden Vorbild einer engen Bindung zwischen Kirche und Herrschaft. Heinrich VIII. begründete 1534 mit dem »Act of Supremacy« die anglikanische Staatskirche in England und führte auf diesen Weg die Reformation in England ein. Den Thesen Luthers folgend löste Heinrich VIII. England vom Einfluss der Papstkirche in Rom und setzte sich selbst als neues Oberhaupt der englischen Kirche ein. Ansonsten blieb das Ausmaß der reformatorischen Maßnahmen in England (u.a. Abhaltung der Gottesdienste nicht mehr auf Latein, sondern in der Muttersprache Englisch → vgl.

Hus, Luther) recht übersichtlich und zahlreiche Elemente der katholischen Kirche blieben in der anglikanischen Kirche erhalten. In der Folgezeit zog dieser Umstand erbitterte Konflikte zwischen den Puritanern, die hinsichtlich ihrer Absichten mit den Calvinisten auf dem europäischen Festland gleichzusetzen waren und eine konsequentere Umsetzung der Reformation in England verfolgten, und den Katholiken in England nach sich. Politisch war dieser religiöse Konflikt mit Blick auf die politischen Auseinandersetzungen zwischen König und Parlament höchst brisant: Sollten sich die Katholiken innerhalb der anglikanischen Kirche durchsetzen können, würde dies die bisherigen Errungenschaften und den weiteren Verlauf des politischen *Modernisierung*sprozess seit der Verabschiedung der »Magna Charta« enorm belasten und erschweren. Beruhend auf der katholischen Lehre des »Gottesgnadentums« könnte der englische König einen »gottgewollten« und allumfassenden Herrschaftsanspruch geltend machen und damit die seit dem 13. Jh. erkämpften Mitspracherechte des englischen Parlamentes aufheben. Andererseits würde die umfangreiche Übernahme der puritanischen (calvinistischen) Reformationslehre den politischen *Modernisierung*sprozess enorm stützen. Der englische König wäre in seiner Machtposition religiös legitimiert, das englische Parlament hätte aber gleichsam das Recht, die Herrschaft des Königs zu kontrollieren und bei Missachtung der biblischen Vorgaben sogar gegen ihn einzuschreiten (vgl. ausführlich Calvinismus S. 30f.). Doch mit der Machtübernahme des Königsgeschlechts der Stuarts erfolgte in England zunächst eine Stärkung des *traditionalen* Katholizismus. König Jakob I. (1603-1625) und auch sein Nachfolger König Karl I. (1625-1649) versuchten die zu dieser Zeit deutlich mehr katholisch geprägte anglikanische Kirche zur alleinigen Staatskirche zu erheben und damit die parlamentarische Tradition in England einzuschränken. In etwa diese Zeit fallen auch die Gründungen der ersten britischen Kolonien in Nordamerika. Der Konflikt um die Umsetzung katholischer oder puritanischer Elemente in der Kirche spielt in diesem Zusammenhang eine zentrale Rolle. Auch außenpolitisch wollte Karl I. einem *traditional* »gottgewollten« König entsprechend Erfolge aufweisen. Doch dafür benötigt er die Unterstützung des Parlaments, welches nach wie vor hinsichtlich der Finanzen politisches Mitspracherecht besaß. Aufgrund seiner anti-parlamentarischen Haltung sicherte sich das Parlament, bevor es den König unterstützen würde, mit einer erneuten Bestätigung seiner seit der Magna Charta bestehenden Rechte in Form der »Petition of Rights« (1628) ab. Kaum sah Karl I. seine »gottgewollte« Machtposition durch militärische Siege bestätigt, löste er das Parlament 1629 auf und regierte auf Basis einer stark katholisch geprägten anglikanischen Staatskirche bis etwa 1640 als uneingeschränkter Herrscher. Aus finanzieller Not in einer militärisch akuten Situation heraus, musste sich Karl I. jedoch 1641 wieder an seine Kronvasallen wenden und diese um Unterstützung bitten, die erneut über die Notwendigkeit der bestehenden Lehnspflichten deutlich hinausgingen. Nach der erneuten Bestätigung der bisherigen politischen Rechte des Parlaments, sprach dieses Karl I. die entsprechende Unterstützung zu, knüpfte aber folgende Bedingungen daran: Eine Auflösung des Parlaments ist nicht möglich. Das Parlament muss in regelmäßigen Abständen vom König einberufen und bei politischen Entscheidungsprozessen mit einbezogen werden (→ *Modernisierung*: politische Partizipation; Kontrolle der Herrschaft). Damit konnte das englische Parlament seine alte Machtposition wieder herstellen, gab sich damit jedoch nicht dauerhaft zufrieden und schränkte die königliche Macht in einem nächsten Schritt weiter ein:

Man bewilligte König Karl I. zwar die finanziellen Mittel zur Durchführung militärischer Unternehmungen, doch übertrug man nicht mehr – wie bisher üblich – dem König das Oberkommando über das Heer, sondern dem durch das Parlament bestellten Puritaner Oliver Cromwell (→ *modern:* Gewaltenteilung; exekutive Gewalt). Karl – in seiner königlichen Würde tief verletzt – drang daraufhin gewaltsam ins Parlament ein, um die Initiatoren dieser Maßnahme verhaften zu lassen. In der Folge kam es zu militärischen Auseinandersetzungen zwischen den Truppen des Königs und den Parlamentstruppen unter Cromwells Führung. Nach der militärischen Niederlage Karls im Jahr 1644/45, hielt dieser weiterhin an seinem auf der stark katholisch geprägten anglikanischen Staatskirche beruhenden Machtanspruch fest und wurde schließlich 1649 hingerichtet (→ *Revolution*: Einsatz von Gewalt). Damit endete die gewaltsame Phase des politischen *Modernisierung*sprozesses in England. Nach dem Tod Karls I. wurde in England sogar eine Republik ausgerufen, die jedoch zu einer Diktatur Oliver Cromwells verkam. Nach diesem missglückten Versuch gestaltete sich das weitere Vorgehen im Sinne der Puritaner deutlich gemäßigter: Im Jahr 1660 wurde mit Karl II. wieder ein König eingesetzt, der die gefestigten politischen Rechte des Parlaments vollumfänglich akzeptierte. Als nach Karls Tod 1685 sein älterer Bruder, Jakob II., in das Königsamt folgte, versuchte dieser noch einmal den Katholizismus in England zu stärken und damit eine politische Kehrtwende zu Gunsten der Königsherrschaft herbeizuführen. Mit den Puritanern hatte sich jedoch der Protestantismus in England sowohl religiös, wie auch politisch bereits so weit verbreitet und gefestigt, dass der katholische König Jakob II. problemlos durch seinen Schwiegersohn, den Protestanten Wilhelm von Oranien ersetzt werden konnte (1688 »Glorious Revolution«). Nachdem dieser im Jahr 1689 in der »Bill of Rights« im Wesentlichen erneut die parlamentarischen Rechte der Magna Charta (1215) bestätigt hatte, war in England mit der Herstellung einer konstitutionellen Monarchie ein tiefgreifender und dauerhafter politischer Wandel vollzogen und dauerhaft festgeschrieben wurden (→ *modern*): Der König hatte zwar immer noch politischen Einfluss, doch besaß das Parlament (Oberhaus/Unterhaus) politisches Mitspracherecht. Insbesondere lag die Legislative (gesetzgebende Macht) beim Parlament, wobei der König ein Vetorecht besaß. Auch die Exekutive (englisches Heer) lag beim Parlament. Über die Judikative (richterliche Gewalt) verfügte weitgehend der König, indem er Richter und andere wichtige Amtsträger einsetzte und kontrollierte, wobei der König lediglich aus Kandidaten wählen konnte, die vom Parlament gestellt worden waren (→ *Modernisierung*: Gewaltenteilung). Zudem besaßen die Parlamentarier verschiedene Freiheitsrechte, u.a. Redefreiheit und das Recht auf Petition (→ *Modernisierung*: Freiheitsrechte). Für die Zusammensetzung des Parlaments bestand ein Wahlrecht für alle freien Bürger. Die politische Teilhabe weiterer Teile der Gesellschaft in Form des Parlamentarismus in Großbritannien spielte eine zentrale Rolle bei der späteren Auseinandersetzung mit den britischen Kolonien in Nordamerika, die ebenfalls im Lauf des 17. Jhs. gegründet worden und ihre politische Struktur ausprägten. Der spätere Vorwurf der Kolonisten gegen das britische Mutterland in den 1770er Jahren, von einem tyrannischen englischen König (→ *traditional*) nicht länger regiert werden zu wollen und nun für eine freiheitliche und unabhängige Gesellschaft *(→ modern)* kämpfen zu wollen, ist in dieser kontrastierenden Gegenüberstellung zu einfach dargestellt (vgl. Definition Modernisierung) und muss deutlich differenzierter betrachtet werden.

3.1.3. Die Auswirkungen des beginnenden Modernisierungsprozesses im Europa auf die Entstehung und frühe Entwicklung der britischen Kolonien in Nordamerika in den Bereichen Religion, Politik und Wirtschaft (ab dem 17. Jh.)

Religion. Die Besiedlung und frühe Entwicklung der britischen Kolonien in Nordamerika fiel in diese europäische Umbruchs- und *Modernisierung*sphase des 16. und 17. Jhs. D.h. die Koloniegründer und ersten Siedler erlebten vor ihrer Überfahrt nach Nordamerika in ihrer »alten Heimat« Europa diese Umbruchs- und *Modernisierung*sprozesse mit und wurden von diesen hinsichtlich ihrer religiösen Vorstellungen und daraus resultierenden politischen Zielsetzungen entsprechend beeinflusst:

Die religiösen Vorstellungen und Zielsetzungen der Gründer und frühen Siedler der für die weitere Entwicklung entscheidenden britischen Kolonien waren vor allem durch den mit der zunehmenden Ausbreitung der reformatorischen Lehre einhergehenden Konflikt zwischen *traditionalen* Katholiken und *modernen* Protestanten beeinflusst. In England setzte sich die durch die sogenannten Puritaner vertretene protestantische Lehre nur schrittweise durch und entwickelte sich streckenweise sogar rückläufig. Im Rahmen der Einführung der anglikanischen Kirche durch den englischen König Heinrich VIII. im Jahr 1534 blieb England zunächst sogar weitgehend katholisch.

Denn das anglikanische Kirchenmodell beinhaltet bis zur zweiten Hälfte des 17. Jhs. zunächst nur wenige protestantische Elemente und nur solche, die vor allem dem englischen König politische Vorteile brachten: Die Loslösung von der katholischen Papstkirche in Rom als kirchliches Oberhaupt stellte für den englischen König die Gelegenheit dar, sich selbst als religiösen Anführer seines Reiches zu etablieren und damit seine politische Macht deutlich zu steigern. Weitere Inhalte der puritanisch-protestantischen Lehre, die vor allem für einen deutlich größeren Teil der Gesellschaft mehr religiöse, wie auch politische Teilhabe vorsahen, wurden jedoch kategorisch abgelehnt und deren Vertreter mit Nachdruck (bspw. durch die Einrichtung spezieller Gerichtshöfe) verfolgt. Dies war in noch deutlich gesteigerter Form bereits den radikal-protestantische Gruppierungen auch in anderen Teilen Europas, wie bspw. um 1525 den revolutionären Bauern um ihren Anführer Thomas Müntzer oder der Münsteraner Täuferbewegung in den 1530er Jahren widerfahren. Sie verfolgten die konsequente Umsetzung des Gleichheitsideals aller Menschen sowohl im religiösen, wie auch im politischen Bereich und lehnten dementsprechend alle weltlichen wie religiösen Autoritäten strikt ab (vgl. ausführlich S. 44 f.). Die Anführer und Vertreter dieser Bewegung wurden oftmals zur Abschreckung und Einschüchterung öffentlich auf bestialische Weise gefoltert und hingerichtet. Kurzum: Die Umsetzung des religiösen *Modernisierungs*prozesses in Europa erfolgte oft nur schrittweise und wurde teilweise sogar wieder rückgängig gemacht. Um Verfolgung, Inhaftierung oder gar Hinrichtung zu entgehen, aber auch mit dem Ziel, ihre religiösen und v.a. auch gesellschaftlichen Zielsetzungen doch noch umsetzen zu können, flohen zahlreiche Anhänger sowohl der gemäßigt-protestantischen, wie auch der radikal-protestantische Gruppierungen in die Kolonien nach Nordamerika.

Bereits die Bezeichnung »Pilgrim Fathers« (»Pilger-Väter«) macht die zutiefst religiöse Überzeugung der ersten englischen Siedler-Expedition deutlich, welche am 6. September 1620 vom englischen Plymouth aus mit dem Segelschiff »Mayflower« nach Nordamerika startete. Mit der offensichtlich tief protestantischen Überzeugung, bei aufrichtigem Glaube (»*sola fide*«); vgl. ausführlich S. 43f.) sich der Unterstützung Gottes sicher sein zu können, begaben sich die etwa 100 Menschen während dieser Überfahrt in höchste Lebensgefahr – anders kann die Bereitschaft kaum erklärt werden, in einem völlig überladenen Schiff mit viel zu wenig Proviant eine etwa zweimonatige Reise über den bereits von Herbststürmen aufgewühlten Atlantik zu wagen, die schließlich auch zahlreichen Passagieren das Leben kostete. Diejenigen, welche die Strapazen der Seereise überstanden, sahen sich bei ihrer Ankunft in Nordamerika in ihrer Vorstellung bestärkt, als »von Gott Auserwählte« (»Saints«) eine neue den protestantischen Idealen entsprechende Gesellschaft aufzubauen, die der restlichen Welt fortan als glänzendes Vorbild dienen sollte. Obwohl die Puritaner in dem kurz nach ihrer Ankunft im November 1620 in Nordamerika verfassten »Mayflower-Contract« der protestantisch-calvinistischen Lehre entsprechend religiöse Ziele formulierten, die deutlich die Ergebnisse des gesellschaftlichen *Modernisierung*sprozesses in Europa erkennen ließen (u.a. gerechte und gleiche Gesetze, Anspruch auf Selbstverwaltung und Eigenorganisation), lassen sich in den folgenden Jahren jedoch auch zahlreiche Kriterien finden, welche die Gesellschaft der frühen Kolonisten in Nordamerika als *traditional* charakterisieren: Während sich die puritanisch-protestantische Bewegung in Europa durch eine Abkehr von der kirchlichen Dogmatik (»gottgewolltes Leben«) und deren Verkündung durch kirchliche Autoritäten als *modern* auszeichnete, weisen bereits die Eigenbezeichnung (»teacher«) und die Buchtitel der ersten führenden puritanischen Prediger in den nordamerikanischen Kolonien auf diese eigentlich abgelehnten *traditionalen* Elemente hin: Man lehnte zwar klare Kirchenhierarchien, wie sie in dieser Zeit noch im stark katholisch geprägten England bestanden, strikt ab, doch schienen sich die ersten puritanischen Prediger von diesen *traditionalen* Verhältnissen in ihrer alten Heimat auch nicht ganz frei machen zu können. Sowohl mit dem Titel seiner programmatischen Schrift »A Model of Christian Charity« von 1630 (»Ein Musterbeispiel christlicher Nächstenliebe«), wie auch mit der vielzitierten und auf die Bedeutung der ersten nordamerikanischen Siedlungen bezogenen Kernpassage »You are the light oft he world. A city that is set on a hill cannot be hid.« (»Du bist das Licht der Welt. Eine Stadt, die auf einem Berg errichtet wurde [Vergleich: Jerusalem], kann nicht erstürmt werden.«) machte der puritanische Prediger John Winthrop den weltweiten religiösen Führungs- und Vorbildanspruch der Kolonialgesellschaft in Nordamerika sehr deutlich (vgl. S. 49f.: Jan van Leyden/ Täuferbewegung in Münster). Der *modernen* protestantischen Lehre folgend orientierten sich die Puritaner in Nordamerika bei der Gestaltung ihres Lebens zwar allein an der Bibel (»sola scriptura«, vgl. ausführlich S. 43 f.) und erwarben unabhängig von der Dogmatik der katholischen Papstkirche nur mit Hilfe ihres eigenen Verstandes (→ Neuplatonismus; vgl. ausführlich S. 33 ff.) religiöse Erkenntnisse für ihr Leben (»menschengewolltes Leben«). Dabei verfolgten die Puritaner in Nordamerika in deutlicher Abgrenzung zum verkommenen christlichen Ideal in weiten Teilen der katholischen Papstkirche in Europa (vgl. ausführlich Kirchenkrise im Spätmittelalter, S. 33 ff.) sehr strenge Glaubensgrundsätze. In den nachfolgenden Siedlergenerationen radikalisierte sich jedoch die Kompromisslosigkeit bei der Auslegung der Bibel und nahm zunehmend fundamentalistische Züge an: Das Singen von Lindern (teilweise sogar im Gottesdienst) galt bspw. als Ablenkung von Gott und wurde daher verboten. Cotton Mather, der 1633 vor der Verfolgung durch die anglikanische Kirche in England nach Nordamerika floh, wie auch sein Enkel stiegen zu den Hauptideologien der nordamerikanischen Siedler auf und etablierten eine Gesellschaftslehre, welche 1702 in dem dogmatischen Werk »Magnalia Christi Americana« (→ *traditional*) zusammengefasst wurde. Bei Nichteinhaltung der vorgegeben Regeln erfolgte sowohl bei den Puritanern, wie auch bei anderen protestantischen Gruppen, die sich in Nordamerika ansiedelten, der Ausschluss aus der Gesellschaft, in extremen Fällen auch Verfolgung, Folter und Hinrichtung, wodurch sich in den Kolonien eine durch die Bibel und damit religiös begründete Rechtsauffassung (→ *traditional*) etablierte. Sehr deutlich wird dieser Zustand u.a. bei den sogenannten »Executions sermons«, eine Art das jeweilige Vergehen erklärende Predigt, die vor einer Hinrichtung öffentlich gehalten wurde. Dabei wurde teils auch unter Folter von den Straftätern Buße verlangt, um die gesamte Koloniegesellschaft wieder von der begangenen Sünde zu befreien – eine Praxis, die stark an die im *traditionalen* Europa betriebenen Ketzerprozesse, wie bspw. von Jan Hus, erinnerte. Obwohl es in den puritanischen Gesellschaften in Nordamerika keine Hierarchie in der Kirche gab, bildete sich jedoch eine privilegierte Stellung v.a. der kirchlichen Dogmatiker und der Bildungselite heraus, welche dem angestrebten uneingeschränkten Gleichheitsideal aller Menschen vor Gott widersprach. Das Maß an Bildung – v.a. im religiösen Bereich – bestimmte dabei den gesellschaftlichen Rang.

Neben den sehr weit verbreiteten Puritanern stellten die Quäker eine weitere protestantische Gruppe der nordamerikanischen Kolonien dar. Sie lebten im Wesentlichen in der Kolonie Pennsylvania. Während die Puritaner den religiösen *Modernisierung*sprozess in Europa in ihrer neuen Heimat nur bedingt weiterführten und zahlreiche *traditionale* Elemente aufwiesen, gelang den Quäkern diese Übertragung nach Nordamerika deutlich besser: In dieser religiösen Gruppe kam es zu einer konsequenten Umsetzung des Gleichheitsideals aller Menschen, woraus sich auch die konsequente Ablehnung jeglicher Autorität im religiösen und weltlichen Bereich sowie von Privilegien für bestimmte Teile der Gesellschaft ergab. Zudem war jedem Mitglied die Art und Weise bzw. Intensität seiner protestantischen Religionsausübung freigestellt, eine religiöse Dogmatik – z.B. in Form entsprechender Schriften – existierte bei den Quäkern nicht. Dieser Kontraste zwischen der Religion der Puritaner und der Religion der Quäker schuf schnell ein Feinbilder: Im Jahr 1657 wurde seitens der Puritaner ein Gesetz gegen die Quäker erlassen, in dem verschiedene Strafen aufgelistet wurden, mit denen der aus puritanischer Sicht zu lockere Lebensstil der Quäker geahndet werden sollte (→ *traditional*: religiös begründete Rechtsprechung). Lediglich die Ablehnung der katholischen Kirche, die in Nordamerika u.a. in den spanischen und französischen Kolonien vertreten war, war den beiden protestantischen Glaubensgemeinschaften gemeinsam. Insgesamt zeigte sich hinsichtlich des religiösen Lebens in der Gründungs- und frühen Entwicklungsphase der britischen Kolonien in Nordamerika ein differenziertes Bild.

Politik. Der bereits oben erwähnte Mayflower-Contract von 1620 spiegelt die politische Hin-und-Her-Gerissenheit der ersten Puritaner in Nordamerika wider: Der in diesem Dokument erwähnte König Jakob I. regierte in England von 1603-1625 (vgl. ausführlich S. 59): Seine Regierung war v.a. allem durch eine erneute Stärkung des Katholizismus und Zurückdrängung der Protestanten (Calvinisten) in der anglikanischen Kirche geprägt. Damit einher ging eine erneut deutliche Schwächung des britischen Parlamentes, welches seit der Verabschiedung der »Magna Charta« im Jahr 1215, immer wieder um die Einhaltung seiner dort bestätigten Privilegien kämpfen musste. Jakob berief sich mit Verweis auf den katholischen Glauben auf sein »Gottesgnadentum« und damit auf seinen religiös begründeten allumfassenden Machtanspruch (→ *traditional*; vgl. ausführlich S. 27 ff.). Dies widersprach den calvinistischen Forderungen der Puritaner in England: Sie akzeptierten zwar die religiös begründete Machtposition des Königs, jedoch nur unter der Bedingung einer Kontrollinstanz in Form des Parlamentes, welches bei einer nicht-bibel-konformen und gegen das Volk gerichteten Herrschaftspraxis des Königs gegen diesen vorgehen konnte (→ *modern*: Kontrolle der Herrschaft). Enttäuscht und vom Königshaus sogar aufgrund ihrer konträren Ansichten verfolgt flohen die Puritaner mit ihrer Vorstellung in die »Neue Welt«. Der »Mayflower-Contract« von 1620 macht die Zerrissenheit dieser Flüchtlinge, die sie in ihrer Heimat England zwischen *Traditionale* und *Moderne* erlebten, deutlich: Zum einen beschreiben sie sich selbst als »die getreuen Untertanen [ihres] Ehrfurcht gebietenden, souveränen Herrschers, König Jakob, mit der Gnade Gottes, König von Großbritannien, Frankreich und Irland, Verteidiger des Glaubens«[4] und kamen an dieser Stelle den *traditionalen* Herrschaftsansprüchen Jakob I. nach. Zum anderen beschreiben sie Elemente eines *modernen* Regierungssystems, indem sie schreiben, dass sie sich »gemeinsam in einer bürgerlichen Gesellschaft vereinigen; mit dem Zweck, [sich] besser zu organisieren, zu schützen und die vorgenannten Ziele zu

---

4   nach der deutschen Übersetzung des Mayflower-Contract bei Wikipedia; Suchbegriff: »Mayflower Contract«. zuletzt eingesehen am: 25.01.2021.

fördern« und dass sie »[vermögen] hieraus solch gerechte und gleiche Gesetze, Verordnungen, Erlasse, Verfassungen und Ämter zu verabschieden, begründen und abzufassen [...], wie es am angemessensten und günstigsten für das Gemeinwohl der Kolonien scheint.«[5] Dieser Zwiespalt zwischen dem *traditionalen* Herrschaftsanspruch des Königs und der *modernen* Kontrolle von Herrschaftsgewalt zum Wohl und Schutz des Volkes schlug sich auch bei der Entstehung und der frühen Entwicklung der politischen Strukturen in den britischen Kolonien in Nordamerika deutlich nieder.

Grundsätzlich kann daher mit Blick auf die Gründungsphase der britischen Kolonien in Nordamerika im Laufe des 17. Jhs. festgehalten werden, dass die englischen König als Herrscher mit »Gottesgnadentum« und allumfassenden Anspruch auf alle territorialen Besitzungen ihres Reiches und damit auch auf die Kolonien auftraten. Fast allen Kolonien ist damit im Rahmen ihrer Gründungsphase zunächst gemeinsam, dass sie in aller Endkonsequenz von der politischen Kontrolle des englischen Königs abhängig waren (→ *traditional*). Dies änderte sich jedoch deutlich ab den späten 1680er Jahren, in denen sich der englische Parlamentarismus im Mutterland dauerhaft durchsetzen und etablieren konnte (vgl. ausführlich S. 61 ff.). Seit dieser Zeit werden alle auch die Kolonie betreffenden politischen Entscheidungen vom Parlament mitbestimmt und hingen nicht mehr nur allein vom König ab (→ *modern*). Noch bis zu Beginn der 1760er Jahre ist zudem der Umstand zu beachten, dass der politische Einfluss des britischen Mutterlandes auf die Kolonien in Nordamerika aufgrund der großen räumlichen Distanz einerseits und eines weitgehend wirtschaftlichen Desinteresses andererseits zunächst nur sehr bedingt auch praktisch umgesetzt werden konnte und damit zahlreiche Freiräume für eine politische und wirtschaftliche Entwicklung in weitgehender Unabhängigkeit von der englischen Regierung gegeben waren (»salutary neglect« [1607-1763]). Vor diesem Hintergrund bildeten sich folgende Regierungs- und Verwaltungsmodelle für die britischen Kolonien in Nordamerika heraus:

---

5   ebd.

- »crown colonies« (königliche Kolonien): Diese Kolonien wurden direkt durch von der englischen Krone eingesetzten Beamte ($\rightarrow$ »gouverneur«) gegründet und verwaltet. Von den 13 britischen Kolonien stellten acht Kolonien crown colonies dar.

- »propietary« oder »corporate charter colonies« (Eigentümer-kolonien): Im Gegensatz zu den crown colonies gründete und verwaltete die englische Krone diese Kolonien nicht selbst, sondern übertrug in einem Rechtsdokument (Charter) vermögenden Privatleuten oder auch Handelsorganisationen Rechte und Privilegien, welche diese zur eigenständigen Gründung und Verwaltung einer Kolonie bevollmächtigte. Damit besaßen zunächst die jeweiligen Gründer die politische Kontrolle über die jeweilige Kolonie. Sie bestimmten sozusagen als Gouverneur die Art und Weise der Regierungsform- und Ausübung. Dennoch blieben sie in letzter Instanz an die englische Rechtsprechung und damit an den englischen König gebunden. Diese Art der indirekten Herrschaftsausübung bot für den englischen König den Vorteil, dass zunächst ohne großen Aufwand seinerseits eine Kolonie gegründet und politisch organisiert wurde, er sich jedoch gleichzeitig das Recht vorbehielt, diese Kolonie nach bei Bedarf in eine crown colony umzuwandeln. Von den 13 britischen Kolonien stellten drei Kolonien »propietary charter colonies« und zwei Kolonien »corporate charte colonies« dar.

In allen britischen Kolonien gab es nach Vorbild des sich seit der Verabschiedung der Magna Charta von 1215 in England entwickelnden Parlamentarismus ebenfalls Parlamente (assemblies). Der Einfluss des Parlaments im britischen Mutterland erwuchs im Wesentlichen aus den Finanzierungsengpässen (meist bei militärischen Unternehmungen) der britischen Könige, die sie in der Form behoben, dass sie ihren vermögenden Kronvasallen im Gegenzug für ihre finanzielle Unterstützung (welche ihre üblichen Lehnsabgaben deutlich überstieg) politische Teilhabe (zunächst v.a. bei finanziellen Entscheidungen und Steuergesetzen) versprachen. Diese manifestierte sich dann zunächst in Form einer Versammlung der Kronvasallen, aus welcher in der weiteren Entwicklung das britische Parlament des 17. Jhs. erwuchs (→ modern: beginnende Gewaltenteilung: Kontrolle der Regierung). Aus dieser Entstehungsgeschichte heraus übertrug man auch den »assemblies« in den britischen Kolonien die Finanzhoheit, wodurch sie z.B. die Form und Höhe von Steuern selbst bestimmten. In der Praxis stellten die Parlamente in den Kolonien weitgehend die legislative Gewalt dar, die Gouverneure oder Repräsentanten des Königs bzw. später der britischen Regierung und die durch sie ernannten Beamten stellten die exekutive Gewalt dar. Die Rechtsprechung in den Kolonialgerichten (judikative Gewalt) wurde zwar zunächst durch die Vertreter des Königs bzw. später der britischen Regierung kontrolliert, jedoch konnten die Kolonialparlamente bereits im 17. Jh. einen immer größeren Einfluss auf diese Staatsgewalt ausüben und diese schließlich maßgeblich bestimmen.

Die Selbstverwaltung der britischen Kolonien wurde jedoch in folgender Weise eingeschränkt: Zum einen besaß der Gouverneur der jeweiligen Kolonie ein Vetorecht, mit welchem er gegen die Beschlüsse des Parlaments im Sinn der englischen Regierung vorgehen konnte. Zum anderen musste sich die Rechtsprechung in den Kolonien an die im englischen Mutterland bestehenden Rechtsvorschriften halten. Diese wurden zwar im 17. Jh. noch stark vom englischen König allein bestimmt, oblagen aber ab dem ausgehenden 17. Jh. im Wesentlichen dem englischen Parlament im Mutterland. In den Gesellschaften der britischen Kolonien existierten keine Standesschranken und ein Großteil des gesellschaftlichen Mittelstandes besaß politisches Mitspracherecht (→ modern: politische Teilhabe). Jedoch muss der Grad an politischer Modernisierung in diesem Zusammenhang eingeschränkt werden:

• Zum einen bestand in den Kolonien ein Zensuswahlrecht. D.h. das Ausmaß politischer Einflussnahme hing vom jeweiligen Besitz, Einkommen und den damit verbundenen Steuerabgaben des Bürgers ab. Man kann also davon ausgehen das v.a. die sehr reichen Unternehmer (»the better sort«) in den Kolonien, aber auch der gut situierte Mittelstand in Form von Akademikern, selbstständigen Handwerkern, Kaufleuten usw. (»the middling sort«) ihre Interessen mit Nachdruck verfolgten und die gesellschaftliche Gruppe der Tagelöhnern und einfachen Arbeitern usw. (»the meaner sort«) ein weitgehend rechtloses Dasein führte (→ *traditional*). Besonders die Praxis der sogenannten »indentured servitude« (Vertragsknechtschaft auf Zeit) stellt dabei eine mehr oder weniger direkte Übertragung der *traditionalen* europäischen Lehnsverhältnisse (vgl. ausführlich S. 28 ff.) in die britischen Kolonien dar: Dabei begaben sich v.a. Männer der sozialen Unterschicht für eine bestimmte Zeit in persönliche Abhängigkeit einer anderen Person oder eines Unternehmens. Sie leisteten für einen bestimmten Zeitraum dort Arbeit, bekamen aber im Gegenzug dafür keinen Lohn, sondern Unterkunft und Versorgung, eine Ausbildung oder die Überfahrt von bspw. England in die nordamerikanischen Kolonien bezahlt. Nach Ablauf der vertraglich vereinbarten Dienstzeit (meist zwischen vier und sieben Jahren) erhielt die jeweilige Person ihre Freiheit zurück und konnte nun versuchen, selbst eine Existenz in den Kolonien aufzubauen, womit auch der Erwerb politischer Rechte verbunden war. Diese *traditionalen* Dienstverhältnisse standen damit in einem deutlichen Missverhältnissen zu dem im Mayflower-Contract vereinbarten *modernen* Gleichheitsideal.

- Gleichzeitig muss jedoch festgehalten werden, dass im Gegensatz zu einer *traditionalen* Ständegesellschaft, in welcher der rechtlich-soziale Status einer Person mit der Geburt in einen gesellschaftlichen Stand hinein (z.B. Bauer oder Adeliger) lebenslang festgelegt war, die Möglichkeiten für sozialen Aufstieg und damit auf politische Teilhabe in einer an wirtschaftlichen Verhältnissen orientierten Gesellschaft höher waren (→ *modern*). Weiterhin ohne politische Rechte blieben auch die Frauen in den britischen Kolonien in Nordamerika.

- Doch neben den wirtschaftlichen Hürden endete in der Vorstellung der Siedler in den britischen Kolonien das Gleichheitsideal aller Menschen offensichtlich auch an ethnischen Grenzen. Das verdeutlicht sehr eindrücklich der Umgang der europäischen Siedler mit der indigenen Bevölkerung in Nordamerika (»Indianer«): Im Rahmen der Erschließung des für die Europäer völlig unbekannten Landes in Nordamerika und später auch bei der schrittweise Erweiterung des Kolonialgebietes (frontier) stellte die indigene Bevölkerung zunächst eine maßgebliche Unterstützung dar, ohne die eine Fußfassen und Überleben der Europäer zu großen Teilen kaum möglich gewesen wäre. Dabei erfolgte u.a. die Weitergabe von Wissen und Kenntnissen zum Überleben in der Wildnis, aber auch zum Anbau der später in England und Europa sehr begehrten Produkte Tabak, Indigo, aber auch Baumwolle und Zucker, welche zunächst das wirtschaftliche Überleben der Kolonien sicherstellten und später entscheidend zum wirtschaftlichen Erfolg der Kolonien beitrugen (→ modern: vgl. unten Wirtschaft). Dieses Integrationsbemühen[6] macht auch das bekannte Gemälde »The first thanksgiving in Plymouth (1621)« von Jennie Augusta Brownscomb aus dem Jahr 1914 deutlich: Es ist etwa 300 Jahr nach der dargestellten Szene in Plymouth entstanden. Da die Indianer ihre traditionelle Kleidung tragen und ein am Tisch stehend Siedler mit seinen gefalteten Händen in für Christen bezeichnender Weise gestikuliert, entsteht der Eindruck, dass es dauerhaft zu einem harmonischen und integrativen Zusammenleben von britischen Siedlern in Plymouth und der indigenen Bevölkerung gekommen wäre. Die Darstellung von mehreren Kindern auf dem Gemälde verleiht dieser Grundaussage eine andauernde Perspektive, da sie bereits auf die nächste Generation verweist. Dieses friedliche und integrative Verhältnis trifft jedoch lediglich für die sehr frühen und keineswegs für alle Zusammentreffen zwischen den europäischen Siedlern und der indigenen Bevölkerung zu. Denn mit der recht zügigen Etablierung und schließlich auch Radikalisierung

---

6   Hier bietet sich auch ein Epochenübergriff zum Semester 2 (Kulturkontakt und Kulturverflechtung) an.

des puritanischen Glaubens in Nordamerika, welcher ein Abweichen von der strengen Auslegung der Bibel mit harten weltlichen Strafen (bis hin zur Todesstrafe) versah (vgl. ausführlich oben Religion), änderte sich dieses harmonische Verhältnis in den meisten Fällen grundlegend. Nach der Vertreibung und der Herstellung einer weitgehenden Rechtlosigkeit der indigenen Bevölkerung endete der Kulturkontakt- bzw. Konflikt in einer Art Genozid an der indigenen Bevölkerung (→ *traditional*: religiös begründetes Recht): Die indigene Bevölkerung, die in aller Regel verschiedene Naturreligionen praktizierte, widersprach in ihrem religiösen Verhalten und Ansichten grundsätzlich den biblischen Ansprüchen der puritanischen Siedler. Diese sahen sich in ihrer Funktion als »Auserwählte Gottes« dazu verpflichtet, ihr »neues Jerusalem« vor den Ungläubigen zu verteidigen. Eine ausführlichere Betrachtung der kulturellen Begegnung zwischen indigener Bevölkerung und den europäischen Siedlern mit Blick auf einen möglichen Epochenübergriff erfolgt im Abiturkompressor zum zweiten Semester (Kulturkontakt und Kulturverflechtung; Migrationsprozesse). Diese Argumentation auf Basis eines *traditional* religiös begründeten Rechts stellte schließlich für die europäischen Puritaner die Legitimation dar, das Territorium der indigenen Bevölkerung in Nordamerika mit allen sich dort befindlichen Bodenschätzen und Ressourcen zu besetzen und für sich allein zu beanspruchen.

- Auch gegenüber der afroamerikanischen Bevölkerung Nordamerikas lässt sich seitens der puritanischen Siedlergemeinschaften nicht die Anwendung eines *modernen* Gleichheitsideals aller Menschen erkennen – ganz im Gegenteil: Im 17. Jh. ähnelte der Rechtsstatus der durch den »atlantischen Dreieckshandel« zwischen Europa, Nordamerika und Afrika nach Nordamerika deportierten Schwarzafrikaner (»Charter Slaves«) dem Rechtsstatus der oben beschriebenen europäischen »indentured servants«. D.h. die Schwarzafrikaner konnten nach Ableisten ihrer Schuldknechtschaft ihre Freiheit erlangen und eine eigene, mit gesellschaftlichen Rechten verbundene wirtschaftliche Existenz aufbauen. Mit der steigenden wirtschaftlichen Bedeutung der Plantagenwirtschaft für die Kolonien im ausgehenden 17. Jh. änderte sich die gesellschaftliche Lage der Schwarzafrikaner jedoch maßgeblich: Der Einsatz der europäischen »indentured servants« gestaltete sich für die Plantagenbesitzer zunehmend problematisch und unsicher. Aufgrund ihrer europäischen bzw. häufig englischen Prägung unter den dort im Rahmen der politischen und religiösen *Modernisierung*sprozesse entstandenen Werten und Normen (u.a. Ablehnung weltlicher Autoritäten, Gleichheitsideal) empfanden sie ihre weitgehend rechtlose Situation in den britischen Kolonien in Nordamerika als nicht mehr hinnehmbar. Es kam immer häufiger zu Aufständen und Rebellionen (z.B. 1676/77 »Bacon`s Rebellion«). An dieser Stelle wird bereits sehr deutlich, dass zumindest für die europäischen Siedler in den nordamerikanischen Kolonien ein Leben unter *traditionalen* Gesellschaftsbedingungen, wie es in Europa seit dem Mittelalter bekannt war, zunehmend keine Akzeptanz mehr fand und zu einer *Krise* führen konnte.

- Um dennoch einen Teil der Gesellschaft nach Vorbild der *traditionalen* Ständegesellschaft in Europa zum wirtschaftlichen Vorteil einer kleinen elitären Oberschicht in weitgehender Rechtslosigkeit zu halten, wurde erneut eine religiös begründet Legitimation gefunden (→ *traditional*): Da die nach Nordamerika deportierten Schwarzafrikaner (ähnlich wie die indigene Bevölkerung) keine Christen waren, sondern Naturreligionen nachgingen, hatten sie nach Ansicht der puritanischen Siedler in Nordamerika keinen Anspruch auf die von der protestantischen Lehre abgeleiteten gesellschaftlich-politischen Rechte. Da die Schwarzafrikaner jedoch im Gegensatz zur indigenen Bevölkerung über keinerlei Ortskenntnisse und soziale Bindungen in Nordamerika verfügten und daher den europäischen Siedlern völlig schutzlos ausgeliefert waren, wurden sie in den völlig rechtlosen Status der Sklaverei überführt. Sie – wie auch ihre in der Sklaverei geborenen Nachkommen und deren Kinder – blieben auf Lebenszeit »persönlicher Eigentum« ihrer »Herren« und wurden kaum als Menschen, sondern vielmehr als »Handelsware« angesehen. Mit dem massiv zunehmenden Bedarf an Arbeitskräften stellten die Schwarzafrikaner bereits Mitte des 18.Jhs. nach den englischen Siedlern (etwa 50%) mit etwa 20% die zweitgrößte ethnische Gruppe in den britischen Kolonien in Nordamerika dar. Man glaubte seitens der britischen Kolonisten nur mit äußerster Härte die ständig steigende Anzahl schwarzafrikanischer Menschen in den britischen Kolonien unter Kontrolle halten zu können und erließ daher die sogenannten »Slave codes« – eine Art Gesetzeskatalog. Es gab in den britischen Kolonien jedoch keine einheitlichen »Slave codes«, sie variierten regional sehr stark und fanden oft in der individuellen Interpretation des jeweiligen Sklavenbesitzers ihre konkrete Anwendung (→ *traditional*: personalisiertes Recht). Zudem beinhalteten die meisten »Slave codes« Einschränkungen bzw. die Aufhebung der persönlichen Bewegungsfreiheit und anderer Freiheitsrechte (u.a. Versammlungsfreiheit) bis hin zur Straffreiheit bei Tötung eines Sklaven, zudem die Einschränkungen oder das Verbot von Bildung (u.a. Lesen und Schreiben lernen). Die Gesellschaft der britischen Kolonien in Nordamerika zeigte hierbei Parallelen zum *traditionalen* Feudalwesen in Europa auf. An dieser Stelle sei jedoch betont, dass die protestantischen Quäker in Pennsylvania keine Sklaverei betrieben. Hier erfuhr der protestantische Vorsatz der Gleichheit aller Menschen seine Umsetzung (→ *modern*). Eine ausführlichere Betrachtung des Umgangs der europäischen Siedler mit der afroamerikanischen Bevölkerung in Nordamerika erfolgt mit Blick auf einen möglichen Epochenübergriff im Abiturkompressor zum zweiten Semester (Kulturkontakt und Kulturverflechtung; Migrationsprozesse).

- Die Briten verdrängten und unterdrückten in ihrem nordamerikanischen Siedlungsgebiet weitgehend auch alle anderen europäischen Nationen. Sie duldeten einzig und allein die Anwendung der englischen Sprache und des englischen Rechts. Wollte man demnach Teil der Gesellschaft sein, musste man sich dem britischen Gesellschaftssystem anpassen. Diese Haltung wurde sehr eindrücklich deutlich, als die Briten nach der Besetzung der durch die Niederländer gegründeten Stadt New Amsterdam diese in New York unbenannten.

Wirtschaft. Auch die Wirtschaft in den britischen Kolonien in Nordamerika entwickelt sich von Anfang weitgehend unabhängig von der englischen Regierung in Großbritannien und setzte diese Entwicklung in der Phase der »heilsamen Vernachlässigung« (»salutary neglect« [1607-1763]) weiter fort: In Nordamerika stand im mehr als ausreichenden Maß Land zur Verfügung, welches von den Siedlern erworben und bebaut werden konnte. Zudem wurde die Höhe der Abgaben und Pflichten durch die jeweiligen Kolonial-Parlamente (assemblies) auf ein im Vergleich zum britischen Mutterland sehr moderates Maß festgesetzt, so dass es den Siedlern möglich war, für sich und ihre Familien ein gutes Auskommen zu erwirtschaften. Ein Leben in Armut und existenzieller Bedrohung, wie es für die einfache Landbevölkerung in Europa zu dieser Zeit keine Seltenheit war, fand in den britischen Kolonien in Nordamerika kaum statt. Sie hatten einen weitgehend freien Zugriff auf die zur Verfügung stehenden Ressourcen und Rohstoffvorkommen ihres Landes. Und selbst in den seltenen Fällen eines strikten Reglementierens durch die Beamten der britischen Regierung bestand für die Siedler die Möglichkeit, über die Siedlungsgrenze (»frontier«) hinweg weiter Richtung Westen zu ziehen, um dort in der Wildnis in völliger Unabhängigkeit auf eigene Faust eine eigene Existenz zu gründen (→ *modern*: hohe soziale Mobilität). Während den europäischen Siedlern v.a. aufgrund der Phase des »salutary neglect« der schrittweise Aufbau eines *modernen* Wirtschaftssystems in den britischen Kolonien möglich war, wurden die von den Europäern abgelegten *traditionalen*, durch Unfreiheit, Ungerechtigkeit und wirtschaftliche Ausbeutung geprägten Wirtschaftsverhältnisse v.a. auf die afroamerikanische Bevölkerung in Nordamerika übertragen. Dabei muss betont werden, dass die Anwendung dieser *traditionalen* Wirtschafts- und Gesellschaftsstruktur (Sklaverei in der Plantagenwirtschaft) einen wesentlichen Anteil am wirtschaftlichen Erfolg der Kolonien hatte, welcher aufgrund des wirtschaftlichen *Modernisierung*sprozesses in den britischen Kolonien allein in dieser Intensität hätte nicht stattfinden können.

3.2 »Wo liegt das Problem?« – Die *Krise* in den britischen Kolonien in Nordamerika entsteht und spitzt sich zu (etwa 1750 bis etwa 1765)

Die britischen Kolonien in Nordamerika wurden bereits im ausgehenden 17. Jh. für das britische Mutterland zunehmend wirtschaftlich interessanter. Die Kolonien erwirtschaften zu dieser Zeit aufgrund des oben beschriebenen Wirtschaftssystems bereits deutliche Überschüsse, die als Exportware eine wichtige Versorgungsgrundlage für die Wirtschaft des britischen Mutterlandes darstellten (v.a. im Bereich der Textilproduktion (v.a. Baumwolle und Felle/Pelze) und der metallverarbeitenden Wirtschaftszweige (z.B. Silber), es bestand aber auch gesteigerter Bedarf an Genussmitteln, wie z.B. Tabak). Da um 1750 aber auch bereits etwa 1,5 Millionen Menschen in den britischen Kolonien lebten, stellten diese zudem einen wichtigen Absatzmarkt für die im britischen Mutterland produzierten oder auch von diesem in anderen Teilen der Welt zum weiteren Handel erworbenen Waren (z.B. Wein, Tee, Gewürze) dar. Die britische Regierung versuchte daher mit entsprechenden Maßnahmen v.a. den Überseehandel der britischen Kolonisten in Nordamerika zu kontrollieren. Eine zentrale Maßnahme in diesem Zusammenhang war die Verschärfung und Konkretisierung des bereits 1651 erlassenen »Navigations-Gesetzes« (Navigation Act) durch die britische Regierung. Diese Maßnahme sah vor, dass der gesamte Export von Waren aus den britischen Kolonien nach Europa ausschließlich über englische Häfen ablaufen darf – ebenso der Import europäischer Waren in die Kolonien. Das britische Mutterland wollte sich auf diese Weise durch das Erheben von Zöllen einen beträchtlichen Anteil an den wirtschaftlichen Gewinnen der britischen

Kolonien in Nordamerika sichern. Die Maßnahme konnte jedoch keine nennenswerte Wirksamkeit entfalten, der illegale Handel der britischen Kolonisten in Nordamerika konnte durch die britische Regierung nicht unterbunden werden und für die Wirtschaft in den britischen Kolonien waren noch keine *tiefgreifenden Veränderungen* wahrnehmbar (→ *Krise*). Der logistische und damit verbunden finanzielle Aufwand, um sowohl die tausende Kilometer lange Siedlungsgrenze im Landesinnern (»frontier«), wie auch die Küstenlinie der britischen Kolonien effektive durch Beamte der britischen Regierung kontrollieren zu lassen, war in den 1750er Jahren für die britische Regierung nicht zu leisten. Das lag v.a. daran, dass sich England seit 1756 mit Frankreich im sogenannten »Siebenjährigen Krieg« befand und alle militärischen und logistischen Ressourcen auf diesen in verschiedenen Teilen der Welt ausgetragenen Konflikt ausrichten musste. Die Phase des »Salutary neglect« dauerte daher noch für kurze Zeit an. Dieser Umstand änderte sich jedoch mit Ende des Krieges im Verlauf der 1760er Jahre maßgeblich:

Beginn der Krise (→ Krise: *Verlauf*). Entscheidend für die Entstehung der *Krise* in den britischen Kolonien in Nordamerika etwa Mitte der 1760er Jahre waren im Wesentlichen drei Ereignisse, die miteinander im engen Zusammenhang standen:

→ Der Beginn der Industriellen Revolution in England. Die Entwicklung der Dampfmaschine in der ersten Hälfte des 18.Jhs. in Europa (maßgeblich in Frankreich und England) stellte einen erheblichen technischen *Modernisierung*sschub dar, der vor allem im wirtschaftlichen Bereich erhebliche Auswirkungen hatte und damit den Beginn der Industriellen Revolution in Europa markierte. Mit der Einführung dieser und anderer *modernen* Technologien (wie z.B. die Entwicklung neuer Energiequellen aus Dampf und Koks) konnten die Grenzen der körperlichen Leistungsfähigkeit von Mensch und Tier um ein Vielfaches übertroffen werden und in vielen Wirtschaftsbereichen ein deutlich höheres Maß an Produktivität und Effizienz erreicht werden (→ *Modernisierung*). Diese Entwicklung schlug sich in der Folgezeit in mehreren Bereichen der europäischen Gesellschaft nieder: Mit der Einführung der Eisenbahn (erste Eisenbahnlinie 1825) und der Dampfschifffahrt (ab 1807 regelmäßige Dampfschifffahrt nach Nordamerika) wurde ein deutlich *höheres Maß an Mobilität* (→ *Modernisierung*) erreicht. Aber auch in zahlreichen Bereichen des produzierenden Gewerbes endete mit der Entwicklung der Dampfmaschine als Antriebsmaschine das Zeitalter der *traditionalen* agrarischen Subsistenzwirtschaft und das Industriezeitalter begann. D.h. die *traditionale* Handarbeit (z.b. bei der Herstellung von Textilien durch das Weber-Handwerk) wurde durch *moderne* Maschinen ersetzt (z.B. mechanischer Webstühle). Mit dem gesteigerten Maß an Produktivität und Effizienz ging jedoch auch ein deutlich höherer Bedarf an Rohstoffen und Bodenschätzen einher. Besonders im Bereich der Textil- und Eisenindustrie reichten die in England zur Verfügung stehenden Ressourcen an v.a. Baumwolle, Holz, verschiedenen Metallen und Erzen nicht mehr aus, um der ständig steigenden Nachfrage der neu entstehenden Industriegesellschaften zu entsprechen. In diesem Zusammenhang erlangten ab Mitte des 18. Jhs. die britischen Kolonien in Nordamerika einen deutlich höheren Stellenwert für die Wirtschaft des britischen Mutterlandes. Die englische Regierung in London ging ab diesem Zeitpunkt dazu über, ihr formal bereits seit der Gründung der Kolonien bestehendes, aber in der Phase des »salutary neglect« bisher ungenutztes Zugriffsrecht auf die britischen Kolonien in Nordamerika geltend zu machen.

→ Der »French and Indian War«. Wie bereits oben erwähnt, stellte der »Siebenjährige Krieg« zwischen 1756 und 1763 hinsichtlich der Interessenlagen der beteiligten Mächte und der Art und Weise seiner Austragung einen sehr komplexen und global ausgreifenden Konflikt dar. Neben den weltweit zahlreichen anderen Kriegsschauplätzen standen sich die Kriegsparteien England und Frankreich u.a. in Europa, aber bereits zuvor schon seit dem ausgehenden 17. Jh. und dann wieder verstärkt seit 1752 in Nordamerika gegenüber. Aufgrund der Einbindung auch der indigenen Bevölkerung auf beiden Seiten spricht man bei dem kurze Zeit darauf folgenden Krieg auch vom »French and Indian War«. Neben der wichtigen Glaubensfrage (Franzosen und Spanier: Katholiken vs. Engländer: Protestanten/Puritaner) spielte insbesondere der Zugriff auf das sehr fruchtbare und v.a. durch die großen Flüsse Mississippi und Ohio für den Warentransport (v.a. Holz und Felle aus dem Norden) verkehrsstrategisch wichtige Ohio-Tal eine entscheidende Rolle. Die Kontrolle über dieses Territorium war für die Versorgung Englands mit entsprechenden Rohstoffen und Produkten aus den britischen Kolonien sowie für die Möglichkeit einer künftigen Erweiterung des britischen Kolonialgebietes nach Westen und daraus resultierend für die Verteidigung der Position Englands als führende Industrienation in Europa von entscheidender Bedeutung. Es stand also viel auf dem Spiel. Erstmalig in ihrer Geschichte seit der Gründung der Kolonien erwog daher die englische Regierung trotz immenser Kosten und gewaltigen Aufwands die militärische Präsenz in den britischen Kolonien in Nordamerika massiv zu verstärken. 1754 eskalierten die Spannungen und weiteten sich zum Krieg aus. Nach neun wechselvollen Kriegsjahren endete der »French and Indian War« 1763 mit einer klaren Niederlage Frankreichs. England besetzte große Teile des französischen Kolonialgebietes, kontrollierte dadurch das gesamte Territorium östlich des Mississippis und wurde so zur allein bestimmenden Kolonialmacht in Nordamerika. Die Engländer verfügten nun neben dem Ohio-Tal über weitere große Anbau- und Siedlungsgebiete und kontrollierten zudem den zuvor von den Franzosen im heutigen Kanada dominierten Pelz- und Fellhandeln, der v.a. für die englische Textilindustrie eine enorme Bereicherung darstellte.

1	Massachusetts 1630	7	Pennsylvania 1681	13	Georgia 1732
2	New Hampshire 1629	8	Delaware 1664	A	Boston 1630
3	Rhode Island 1644	9	Maryland 1632	B	Plymouth 1620
4	Connecticut 1662	10	Virginia 1607	C	New York 1623/1664
5	New York 1664	11	North Carolina 1663/1730	D	Philadelphia 1682
6	New Jersey 1664	12	South Carolina 1663/ 1730	E	Jamestown 1607

→ Gegensätzliche Zielsetzungen bei der Nutzung der wirtschaftlichen Ressourcen in den britischen Kolonien nach dem »French and indian war«. Zunächst schien der gemeinsame Sieg der Milizverbände aus den britischen Kolonien und der Truppenverbände aus dem britischen Mutterland das Verhältnis zueinander zu verbessern und zu stärken. Beide Seiten hatten voneinander profitiert. Die zwar militärisch weniger erfahrenen und schlechter ausgerüsteten Milizen der Kolonisten verfügten über die entsprechenden Ortskenntnisse, kannten die von Indianern und Franzosen angewandte Guerillataktik, bei der Angriffe meist aus dem Hinterhalt und überfallartig durchgeführt wurden, und hatten daher zum erfolgreichen Ausgang des »French and Indian War« beigetragen. Kriegsentscheidend war jedoch der Einsatz der englischen Kriegsflotte, welche sich gegen die französische Flotte durchsetzen konnte und somit den Nachschub von Material und Personal aus dem französischen Mutterland in Europa unterbinden konnte. Dieser Einsatz kostete der britischen Regierungen jedoch sehr viel Geld und riss ein gewaltiges Schuldenloch in die ohnehin wenig gefüllte englische Staatskasse (→ Krise im britischen Mutterland: *Dysfunktionalität* des Wirtschaftssystems). Mit welchen Zielsetzungen würden nun zum einen die Siedler in den britischen Kolonien und zum anderen die britische Regierung den Erfolg und den Zugewinn im »French and Indian War« nutzen wollen?

Die Siedler in den britischen Kolonien in Nordamerika erwarteten im Wesentlichen keine schwerwiegenden Veränderungen. Ganz im Gegenteil: Ausgehend von den sich während der Phase des »salutary neglect« entstandenen und entwickelten wirtschaftlichen und politischen Strukturen sahen sich die zumeist puritanischen Siedler in ihrer Weltsicht nach dem Sieg im »French and Indian War« sogar noch bestätigt: Als die »von Gott Auserwählten« konnten sie sich bereits in der Vergangenheit gegen die »gottlose« indigene Bevölkerung durchsetzen und nun sogar die französischen (und im Übrigen auch spanischen) Katholiken, die aus Sicht der protestantischen Bewegung seit der Kirchenkrise im Spätmittelalter nicht mehr den christlichen Idealen entsprachen, aus ihrem neuen »gelobten Land« vertreiben und ihren »göttlichen Plan« (vgl. S. 35 ff.) weiter umsetzen. Für die puritanischen Siedler der britischen Kolonien gab es daher keinen Anlass, anzunehmen, dass ihr Anspruch auf politische und wirtschaftliche Selbstbestimmung und Eigenorganisation eingeschränkt oder gar aufgehoben werden könnte. Vielmehr wollten sie das für sie bisher erfolgreiche wirtschaftliche und politische System auf die neuen Gebietserwerbungen erweitern.

Doch genau das war das Ziel der englischen Regierung, denn diese konnte sich die weitgehende Selbstverwaltung und Abgabenfreiheit der Kolonien (wie in der Phase des »salutary neglect«) nach den enormen Ausgaben im »French and Indian War« schlicht und einfach nicht mehr leisten (→ Krise: *Dysfunktionalität* des Wirtschaftssystems). Zudem bestand mit dem Beginn der Industriellen Revolution in England ein deutlich gesteigertes Interesse an einer wirtschaftlichen Nutzung der britischen Kolonien in Nordamerika. Daher nutzte die britische Regierung die erstmals in der Geschichte der britischen Kolonien bestehende Möglichkeit und setzte die für den »French and Indian War« in die Kolonien nach Nordamerika verlegten Truppen nach Kriegsende im Jahr 1763 als exekutive Gewalt ein, um die von ihr beschlossenen Gesetze (v.a. im Bereich der Finanz- und Steuerpolitik) mit Nachdruck gegenüber den britischen Siedlern in den Kolonien durchsetzen zu können (→ Krisenlösungsstrategie: *Reform*en). Die Phase des »Salutary neglect« endete damit schlagartig nach dem britischen Sieg im »French and Indian War« und mit einem umfangreichen *Reform*paket der britischen Regierung mit einigen neuen Gesetzen. Da in den Kolonien bisher die jeweiligen Kolonial-Parlamente (assemblies) in politischer Eigenverantwortung insbesondere für die Verwaltung der Finanzen und die Verabschiedung von Steuergesetzen verantwortlich waren, führte das bisher völlig ungewohnte autoritäre Eingreifen der englischen Regierung nicht nur zu einer wirtschaftlichen, sondern auch zu einer politischen *Dysfunktionalität* (→ Krise in den britischen Kolonien) der bestehen Verhältnisse und bewirkte sowohl eine Wirtschaftskrise wie auch eine Herrschafts- und Verwaltungskrise (→ Krise: *Komplexität*), welche das Leben Siedler in den britischen Kolonien in deutlich spürbarer Weise veränderte (→ Krise: *Intensität*):

Politik und Religion. Das politische Hauptziel der britischen Regierung bestand darin, die britischen Kolonien deutlich mehr als vor dem »French and Indian War« in das Regierungs- und Wirtschaftssystem des britischen Mutterlandes einzubinden (→ Krise: *Reformen*). Damit einher ging der klare Anspruch auf eine zentrale Steuerung von Politik und Wirtschaft – auch in den britischen Kolonien – vom britischen Mutterland aus, welcher jedoch zu deutlich spürbaren Veränderungen im wirtschaftlichen und politischen Leben in den britischen Kolonien führte (→ Krise: *Dysfunktionalität*):

- Es kam in der Wahrnehmung der britischen Siedler in den Kolonien zur Aufhebung der Gewaltenteilung und Transparenz politischer Entscheidungsprozesse (→ *traditional*): Die lokale Gerichte (Judikative) in den Kolonien wurden von Beamten der britischen Regierung besetzt und im Wesentlichen der britischen Militärgerichtsbarkeit unterstellt; Den Kolonial-Parlamenten (Legislative) wurde seitens des britischen Parlaments in London die Kontrolle über die Steuer- und Finanzgesetzgebung entzogen; Die seit dem »French and Indian War« in den Kolonien stationierten Soldaten der britischen Regierung stellten die exekutive Gewalt dar. Dabei muss jedoch ausdrücklich darauf hingewiesen werden, dass in England mit der »Glorious Revolution« im Jahr 1688 und der Verabschiedung der »Bill of Rights« im darauf folgenden Jahr ein tiefgreifender politischer Wandel vollzogen worden war. Die Regierungsgewalt wurde zwischen dem König und dem Parlament aufgeteilt: Insbesondere lag die Legislative (gesetzgebende Macht) beim Parlament, wobei der König ein Vetorecht besaß. Auch die Kontrolle über die Exekutive (englisches Heer) lag beim Parlament. Über die Judikative (richterliche Gewalt) verfügte weitgehend der König, indem er Richter und andere wichtige Amtsträger einsetzte und kontrollierte, wobei der König lediglich aus Kandidaten wählen konnte, die vom Parlament gestellt worden waren (→ *Modernisierung*: Gewaltenteilung). Zudem besaßen die Parlamentarier verschiedene Freiheitsrechte, u.a. Redefreiheit und das Recht auf Petition (→ *Modernisierung*: Freiheitsrechte). Für die Zusammensetzung des Parlaments bestand ein freies Wahlrecht für alle freien Bürger. Der in den 1760er und verstärkt in den 1770er Jahren laut werdende Vorwurf der Kolonisten gegen das britische Mutterland, von einem tyrannischen englischen König (→ *traditional*) nicht länger regiert werden zu wollen und nun für eine freiheitliche und unabhängige Gesellschaft kämpfen zu wollen, ist in dieser kontrastierenden Gegenüberstellung zu einfach dargestellt und muss deutlich differenzierter betrachtet werden: Auch wenn mit Georg III. im Jahr 1760 ein König den englischen Thron bestieg, der erneut versuchte seine monarchistische Herrschaft deutlich zu stärken und damit heftige innenpolitische Konflikte mit dem Parlament provozierte, wurden die für die britischen Kolonien geltenden Beschlüsse und Gesetze im Wesentlichen nicht mehr aufgrund des persönlichen Willens eines feudalen und Alleinherrschaft beanspruchenden Königs (→ *traditional*) erlassen, sondern sie entstanden im Rahmen eines *modernen* Parlamentarismus in England. Dieses britische Parlament sah sich als Vertretung aller britischen Bürger – also auch der Siedler in den britischen Kolonien – und damit befugt, auch für die britischen Kolonien in Nordamerika politische und wirtschaftliche Entscheidungen zu treffen. Es sah sich in dieser Position umso mehr bestätigt, als mit dem »French and Indian War« erstmals ein großes gemeinsames Projekt bewältigt worden war, aus dem sowohl die britischen Kolonien wie auch das britische Mutterland Vorteile ziehen konnten. Der Krieg hatte jedoch die Staatskasse des englischen Mutterlandes (v.a. aufgrund des kriegsentscheidenden Einsatzes der britischen Flotte) im deutlichen größeren Maß belastet als die Finanzen der britischen Kolonien. Die Staatsverschuldung des britischen Mutterlandes hatte sich im Verlauf des »French and Indian War« fast verdoppelt und betrug nun über 130 Millionen Pfund Sterling. Um diese finanzielle Schieflage wieder in den Griff zu bekommen, sollten nach Kriegsende 1763 nicht nur die Bewohner des britischen Mutterlandes höhere Steuern bezahlen, sondern auch die Siedler in den britischen Kolonien – die aufgrund der sehr milden Erlasse der Kolonialparlamente zuvor schon eine deutlich geringe Steuerlast zu tragen hatten – finanziell stärker mit herangezogen werden. Die Siedler in den britischen Kolonien hatten jedoch eine völlig andere Sicht auf die Dinge: Da sich die Kolonisten aufgrund des gewaltigen räumlichen Abstandes zum britischen Parlament in London nicht dauerhaft und konstruktiv in die Entscheidungsprozesse des britischen Parlamentes einbringen konnten, sahen sie ihren Wählerwillen dort nicht repräsentiert und lehnten die politische Einflussnahme des britischen Parlamentes auf die britischen Kolonien in Nordamerika grundsätzlich als politische Bevormundung ab (→ traditional: keine politische Teilhabe). Der Ausruf »No taxation without representaion« (»Keine Besteuerung ohne Mitbestimmung im Parlament«) brachte die Haltung der britischen Kolonisten auf den Punkt. Aus Sicht der Kolonisten waren daher ausschließlich die Kolonialparlamente dazu befugt, Abgaben- oder Steuergesetze zu erlassen. Zudem sahen sie aufgrund ihres im Verlauf des »French and Indian War« bereits geleisteten militärischen und finanziellen Einsatzes sämtliche Schuld gegenüber dem britischen Mutterland als beglichen an. Aus diesem Konflikt heraus destabilisierte sich das Verhältnisse zwischen britischen Kolonien und Mutterland in den folgenden Jahren zunehmend (→ Krise: Dysfunktionalität des Wirschaftssystems der britischen Regierung in den britischen Kolonien) und führte letztlich zur amerikanischen Unabhängigkeit vom britischen Mutterland.

- Das von den puritanischen Siedlern vertretene Gleichheitsideal aller Menschen, welches in den Kolonien eine (zumindest im Kreis der britischen Siedler) weitgehend egalitäre Gesellschaft ohne Standesschranken (→ modern: Ablehnung gesellschaftlicher Hierarchien in autoritären Regierungsformen) und mit der Möglichkeit zum sozialen Aufstieg hervorgebracht hatte, wurde nun durch die große Anzahl der in den Kolonien stationierten englischen Offiziere, die traditionell aus dem Adel stammten, demonstrativ in Frage gestellt (→ Krise: *Dysfunktionalität*). Sie verhielten sich den britischen Siedlern gegenüber, die aufgrund ihrer protestantisch-puritanischen Lehre christliche Ideale wie Verzicht, Schlichtheit und Enthaltsamkeit lebten, abschätzig und machten im Widerspruch dazu ihre privilegierte Stellung – wie sie noch in der *traditionalen* Ständegesellschaft des englischen Mutterland bestand – deutlich. Dies kränkte vor allem die selbstbewussten akademischen Kreise der britischen Siedler, die sich ausgehend von ihrer puritanischen Lehre gegenüber den sittenlosen europäischen Christen als »von Gott auserwählt« betrachteten.

• Weiterhin wurde die persönliche Mobilität (Freiheit) der Siedler in den britischen Kolonien stark eingeschränkt (→ *traditional)*: Die britische Regierung legte bereits im Oktober 1763 die Appalachen – ein etwa 1000 Kilometer langer Bergzug deutlich östlich vom Ohio gelegen (vgl. Karte) – als verbindliche Siedlungsgrenze fest. Es wurde den britischen Siedlern verboten, sich dauerhaft westlich von dieser Grenze niederzulassen. Die britische Regierung verfolgte mit dieser Maßnahme mehrere Ziele: Zum einen wollte sie verhindern, dass sich die zu diesem Zeitpunkt bereits in den britischen Kolonien lebenden Siedler ihrem politischen und wirtschaftlichen Zugriff entziehen konnten und einfach auf eigene Faust, ohne belastende Pflichten und Abgaben an die britische Regierung im Westen eine neue Existenz aufbauten. Die Vergabe von Land jenseits der Appalachengrenze erfolgte ausschließlich über Beamte der britischen Regierung. Zum anderen wollte die britische Regierung mit dieser Maßnahme das Verhältnis zu den indigenen Stämmen in Nordamerika verbessern und sicherte ihnen das Land westlich der Appalachengrenze zu, um weitere kostenintensive Konflikte oder gar Kriege zu vermeiden. Außerdem wurden die Indigenen bei der Vergabe von Land in diesem Territorium an britische Siedler mit einbezogen. Bei den britischen Siedlern regte sich gegen diese Maßnahme der britischen Regierung aus verschiedenen Gründen Widerstand: Zum einen brachte man sie um die Möglichkeit, aus dem Land, dessen Erwerb auch ihnen im »French and Indian War« viele Opfer und einen nicht unerheblichen Geldbetrag gekostet hatte, finanziellen Profit zu ziehen. Zum anderen hinderte die britische Regierung die puritanischen Siedler daran, ihren »göttlichen Plan« weiterzuverfolgen und in Nordamerika eine neues »gelobtes Land« zu gründen.

Wirtschaft. Zur entscheidenden Verschärfung der Krise trug jedoch die Verabschiedung mehrerer neuer Zoll- und Steuergesetze für die britischen Siedler durch die britische Regierung bei, welche erhebliche finanzielle Zusatzbelastungen darstellten (→ Krise: *Intensität*). Gleichsam muss an dieser Stell betont werden, dass eine ernsthafte existenzielle Bedrohung für den gesellschaftlichen Mittelstand durch diese Gesetze für große Teil gar nicht oder lediglich punktuell bestand. Zu diesen Maßnahmen zählten u.a.:

- Das »Zuckergesetz« (»Sugar Act«) von 1764:

Einen zentralen Wirtschaftszweig gerade in den nördlichen britischen Kolonien stellte die Herstellung verschiedener Spirituosen (v.a. Rum) dar. Dazu benötigte man eine große Menge Zuckersirup (Melasse), welcher vor allem auf den Zuckerrohrplantagen in den französischen Kolonien der Antillen in der Karibik gewonnen wurde. Aufgrund dieser besonderen Bedeutung des »Zuckers« als Importware diente er stellvertretend für zahlreiche weitere Produkte, die in großen Mengen in den britischen Kolonien konsumiert oder zur Weiterproduktion eigener Waren verwendet wurden, als Namensgeber für dieses durch die britische Regierung erlassene Gesetz. Dieses besagte, dass die britischen Siedler bei jeder Einfuhr von Rohstoffen oder Produkten aus nicht-britischen Ländern oder Kolonien an die britische Regierung eine Zahlung zu leisten hatten, um so das britische Mutterland wirtschaftlich zu beteiligen. Zudem gab es noch eine Liste von Produkten, deren Ein- und Ausfuhr aus nichtbritischen Ländern oder Kolonien vollständig untersagt wurde. Diese Maßnahme bestand bereits schon seit der Verabschiedung des »Navigationsgesetzes« (»Navigation Act«) von 1660, jedoch wurde die Liste der dort vermerkten Produkte (u.a. Baumwolle, Tabak, Reis) nun um weitere Waren (u.a. Pelze und Holz) erweitert, die vor allem in den nach dem »French and Indian War« von Frankreich eroberten Kolonialgebieten gewonnen wurden.

Bereits zuvor existierten Gesetze, die vorsahen, dass im Sinn der britischen Regierung in den britischen Kolonien die Warenein- und Ausfuhr sowie die entsprechende Verzollung der Waren kontrolliert wurden. Jedoch konnten die britischen Siedler diese Gesetze bisher problemlos umgehen, da zum einen in den britischen Kolonien im nicht ausreichenden Umfang Personal zur Verfügung stand, um den dort stattfindenden Handel kontrollieren zu können, zum anderen war die Korruption der entsprechenden Zollbeamten weit verbreitet, die im Anbetracht der Wirkungslosigkeit ihres Tuns auf diese Weise zumindest einen kleinen persönlichen Vorteil davon trugen. Mit In-krafttreten des »Zuckergesetzes« wurde das gesamte Zollwesen in den britischen Kolonie umfangreich *reformiert*: Die Strafen für die An-nahme von Korruptionsgeldern durch Zollbeamte wurden drastisch erhöht; die Gouverneure der jeweiligen Kolonien wurden per Eid für die Einhaltung der Gesetze verantwortlich gemacht und mussten durch entsprechende Berichte und Stellungnahmen regelmäßig der britischen Regierung Meldung leisten; aufgrund ihres bisher sehr milden Umgangs mit Korruption und Warenschmuggel wurde den lokalen Gerichten in den britischen Kolonien die Aufsicht über die Einhaltung der Zollgesetze entzogen und Gerichten mit Beamten der britischen Regierung unterstellt.

• Das »Steuermarkengesetz« (»Stamp Act«) von 1765:

Dieses Gesetz sah eine Besteuerung aller Druckerzeugnisse in den Kolonien vor. D.h. dass sowohl im privaten wie im öffentlichen Be-reich alle aus Papier hergestellten Produkte mit einem Steuerstempel versehen und so mit einer zusätzlichen Steuer belegt wurden. Neben den üblichen Papiererzeugnissen wie z.B. Zeitungen oder auch Spiel-karten, führte vor allem der aufgrund z.B. des »Zuckergesetzes« deutlich gestiegene bürokratische Aufwand im Handelswesen (Zollur-kunden, Lieferscheine, Gerichtsunterlagen usw.) zu einer finanziellen Mehrbelastung der Siedler in den britischen Kolonien. Zudem wurde dieses Gesetz als erneute Missachtung der politischen Selbstbestimmung der britischen Kolonien erachtet.

- Das »Einquartierungsgesetz« (»Quartering Act«) von 1765:

Dieses Gesetz verpflichtete die Siedler in den britischen Kolonien, die dort durch die britische Regierung stationierten Soldaten auf eigene Kosten zu versorgen und in ihren Häusern unterzubringen. Erneut wurde durch dieses Gesetz die freiheitliche Selbstbestimmung der britischen Kolonien missachtet.

3.3. Die zunehmende Eskalation und die Lösung der *Krise* in den britischen Kolonien (ab etwa 1765-1789)

Die von der britischen Regierung v.a. in Form verschiedener Steuer- und Zollgesetz angestrebten *Reformen* zur Behebung der v.a. durch den »French and Indian War« verschärften Wirtschaftskrise im englischen Mutterland führten in den britischen Kolonien hingegen erst zur Entstehung einer *Krise*nsituation. Hier wurde das gesellschaftliche Leben in der Wahrnehmung der britischen Kolonisten v.a. in den Bereichen Politik und Wirtschaft (→ Krise: *Komplexität*) in deutlich spürbarer Weise beeinträchtigt (→ Krise: *Intensität*) und verlief nicht mehr nach den bisher bekannten Funktionsweisen (→ Krise: *Dysfunktionalität*). Als Beginn der Krise konnte der britische Sieg im »French and Indian War« (1763) und das damit verbundene Ende der »Salutary neglect« festgelegte werden (→ Krise: als *historischer Prozess*). Im Folgenden wird daher untersucht, inwieweit sich mit der »Amerikanischen Unabhängigkeitsbewegung«» eine Revolution als Krisenlösungsstrategie nachweisen lässt:

3.3.1. Die »Amerikanische *Revolution*« als *Krisen*lösungsstrategie

Bevor Mitte der 1770er Jahre die *Krisen*situation in den britischen Kolonien völlig eskalierte und in Form der »Amerikanischen *Revolution*« zu dem Ergebnis einer politischen und wirtschaftlichen Unabhängigkeit vom britischen Mutterland führte, bahnte sich ein *revolutionärer* Charakter der Situation bereits ab 1765 an. Ausgehend von der Begriffsklärung zur »Revolution« und zur »Krise« ist zu klären, inwieweit die entsprechenden Kriterien im Verlauf der amerikanischen Unabhängigkeitsbewegung nachgewiesen werden können:

Einsatz von Gewalt und Kontrolle des öffentlichen Raums als zentrale Mittel zur Durchsetzung revolutionärer Ideen. Die Kritik der Siedler der britischen Kolonien an den politischen und wirtschaftlichen Maßnahmen der britischen Regierung fand in zunehmender Intensität ihren Ausdruck und nahm dabei einen immer größeren Raum in der Öffentlichkeit der britischen Kolonien ein: Da von den Maßnahmen der britischen Regierung auch die wirtschaftliche Elite der britischen Kolonien betroffen war, die gleichsam auch die politische Führungsschicht darstellte, erfolgten die ersten Proteste der britischen Siedler auf politisch formalen Weg: In Form offizieller Petitionen oder Remonstranzen formulierten die jeweiligen Kolonialparlamente (assemblies) Beschwerdetexte an die britische Regierung.

Gleichzeitig wurden in zunehmenden Maß bspw. in Zeitschriften oder auf Flugblättern Texte oder Karikaturen veröffentlicht (→ *modern*: mediale Kommunikation), die in meist sehr deutlichen Worten und nicht selten propagandistisch überspitzt auf die wirtschaftlichen und politischen Folgen v.a. der Steuergesetze aufmerksam machten und auf diesem Weg ein immer größeren Teil der Gesellschaft in den britischen Kolonien über die aktuellen Geschehnisse ins Bild setzten. Hierbei spielte das in den puritanisch geprägten britischen Kolonien allgemein hohe Bildungsniveau (→ *modern*) eine entscheidende Rolle. Anders als bspw. im spätmittelalterlichen

Europa konnten sich revolutionäre Ideen viel schneller verbreiten und damit eine breite Masse mobilisieren (→ *Revolution*). Zu den prominenten Vertretern der Journalisten zählte u.a. auch der spätere »Gründungsvater« der USA, Benjamin Franklin. Oft nahm auch gezielte Propaganda deutlichen Einfluss auf das öffentliche Meinungsbild der britischen Kolonisten und führte durch eine entsprechend einseitige Darstellung der Ereignisse zu einem zu Gunsten der britischen Kolonisten ausfallenden öffentlichen Meinungsbild. Es ist daher differenziert zu bewerten, inwiefern die jeweiligen Missstände tatsächlich bestanden und eine *Revolution* als *Krisen*lösungsstrategie erforderlich machten.

Das z.T. durch Propaganda mobilisierte Bürgertum (gesellschaftliche Mittelschicht) äußerte seinen Unmut über die politischen und wirtschaftlichen Maßgaben der britischen Regierung zunehmend außerhalb des politisch-formalen Diskurses, was zu offenen Protesten und demonstrativen Aktionen auf öffentlichen Plätzen führte. Zu zentraler Bedeutung gelangte im Zusammenhang mit dem öffentlichen Protest gegen das »Stempelsteuergesetz« der sogenannte »Liberty Tree« in Boston. Im August 1765 versammelte sich unter einem Olivenbaum in Boston eine aufgebrachte Menschenmenge, um gegen das Stempelsteuergesetz zu protestieren. Die Menschenmenge befestigte an diesem Baum eine Strohpuppe mit den Initialen A.O., welche für Andrew Oliver und damit für den von der britischen Regierung beauftragten Beamten zur Durchsetzung des Stempelsteuergesetzes in den britischen Kolonien stand. Außerdem wurden Strohpuppen aufgehängt, die die beiden Minister (Lord George Greenville und der Earl of Bute) im britischen Parlament symbolisierten, die maßgeblich für die Einführung des Stempelsteuergesetzes verantwortlich waren. Schließlich wurde an dem »Liberty Tree« folgender Schriftzug befestigte: »What greater joy did ever New England [meint die britischen Kolonien] see, than a stampman hanging on a tree.« Der Baum wurde in den Folgejahren zu einem Symbolort der amerikanischen Unabhängigkeitsbewegung und fand in seiner Funktion in mehreren Kolonien Nachahmer. Der Impuls ging von Boston aus, da diese Stadt aufgrund seiner großen Bedeutung als Wirtschafts- und Warenumschlagszentrum in den britischen Kolonien immer wieder Schauplatz von Protestaktionen wurde, die in die amerikanische Geschichte eingingen (siehe unten: »Boston Massacre« und »Boston Tea Party«).

Aus diesem geladenen Umfeld heraus fand der Übergang vom symbolträchtigen Protest zu teils brutalen Übergriffen auf Vertreter der britischen Regierung auf offener Straße statt: Mit den zunehmenden finanziellen Belastungen und Umsatzeinbußen der britischen Händler und Gewerbetreibenden radikalisierten sich die Maßnahmen des Protestes. Es gründeten sich in diesem Zusammenhang vielerorts Gruppierungen, die ihren Forderungen durch Gewaltanwendung Nachdruck verleihen wollten. Die ebenfalls in Boston gegründeten »Sons of Liberty« (»Söhne der Freiheit«) sind die wohl bekannteste Vereinigung in diesem Zusammenhang. Neben Prügelattacken auf Vertreter der britischen Regierung setzten sie v.a. das sehr schmerzhafte und entwürdigende, aber keineswegs tödliche Teeren und Federn als öffentlich deutlich erkennbare Strafe für ihre Gegner ein. Besondere Auswirkung auf die weitere Entwicklung hatten v.a. das sogenannte »Boston Massacre« (März 1770) und die »Boston Tea Party« (März 1774). Im Rahmen von erneuten Boykott- und Demonstrationsaktionen der Bostoner Kolonisten gegen die Maßnahmen der britischen Regierung kam es zu gewaltsamen Übergriffen auf Soldaten und Vertreter der britischen Regierung. Durch die Gegenwehr der britischen Soldaten kamen dabei fünf britische Kolonisten ums Leben, acht weitere wurden verwundet. Die britische Regierung gestand der Kolonie anschließend zu, diesen Vorfall vor ihrem Kolonial-Gericht verhandeln zu dürfen. Dabei stellte sogar das Kolonial-Gericht fest, dass die britischen Soldaten aus Notwehr gehandelt hatten. Trotzdem wurde das Ereignis seitens der britischen Kolonisten umgehend propagandistisch instrumentalisiert und öffentlich als »Massacre« an ihren Landsleuten beschrieben. Der Kupferstich »The Bloody Massacre in King Street« des Bostoner Kolonisten Paul Revere illustrierte die Geschehnisse in sehr einseitiger Weise, indem er den bewaffneten und gewaltsamen britischen Soldaten die unbewaffneten und scheinbar friedlichen Kolonisten gegenüberstellt. Zudem führte der Leichenzug beim Begräbnis der Opfer vom »Boston Massacre« u.a. zum »Liberty

Tree«, in welchem der ohne jeden Zweifel tragische Tod der Opfer jedoch symbolisch überhöht wurde und der Protest gegen die politischen und wirtschaftlichen Maßnahmen der britischen Regierung auf eine neue Stufe gehoben wurde, indem er propagandistisch zum »Kampf gegen eine feindliche (und mordende) Besatzungsmacht« erklärt wurde (→ *Revolution*: existenzielle Bedrohung? → fraglich). Der Zulauf zu Gruppierungen wie den »Sons of liberty« nahm rasant zu. Die Anzahl und die Radikalisierung der im Folgenden durchgeführten Protestaktionen waren kaum noch zu überblicken.

Bezeichnender Weise war es jedoch schließlich das Verursachen eines wirtschaftlichen Schadens, der im Rahmen einer einzelnen Boykottaktion in solch einem Ausmaß noch nicht stattgefunden hatte und zur völligen Eskalation und damit zum Höhepunkt der Krise in den britischen Kolonien führte: Nach der Verschärfung eines Steuergesetzes (»Teegesetz«) in Mai 1773, durch welches die Einfuhr von Tee in die britischen Kolonien durch Handelsgesellschaften aus dem britischen Mutterland (East India Company/ EIC) auf Steuerkosten der Kolonisten vereinfacht wurde und die britischen Teehändler in den Kolonien zudem noch wirtschaftlich völlig ins Abseits gedrängt wurden, verweigerten am 16. Dezember 1773 die Kolonisten das Entladen dreier Schiffe der EIC im Hafen von Boston. Zudem besetzten sie in der Nacht vom 16. auf den 17. Dezember gewaltsam die Schiffe und warfen die gesamte aus etwa 45 Tonnen Tee bestehende Schiffsladung ins Wasser. Der dadurch entstandene Schaden war noch etwas höher, als vergleichsweise die Einnahmen des Stempelsteuergesetzes für einen gesamten Monat aus allen britischen Kolonien in Nordamerikas zusammen. Diese Boykottaktion ging unter dem ironischen Namen »Boston Tea Party« in die amerikanische Geschichte ein.

Einige Stimmen in der fachwissenschaftlichen Debatte sehen neben dem *Revolutions*-Kriterium »Vorhandensein einer existenziellen Bedrohung« auch das Kriterium »Gewalt und Kontroll des öffentlichen Raums« im Rahmen der amerikanischen Revolution nur bedingt erfüllt. Es kam zwar bis zu dieser Stelle bereits zu zahlreichen gewaltsamen Auseinandersetzungen, die in tragischer Weise auch Todesopfer forderten, jedoch ist das Ausmaß der Gewaltanwendung gemessen an anderen Revolutionen der Weltgeschichte vergleichsweise gering.

Eine maßgebliche Steigerung des Einsatzes von Gewalt erfolgte mit dem Beginn des Unabhängigkeitskrieges (19. April 1775 bis 3. September 1783), doch muss dieser Aspekt differenziert betrachtet werden: Die militärischen Möglichkeiten der Siedler in den britischen Kolonien waren sehr begrenzt. Sie verfügten weder über eine entsprechende Ausbildung, noch über eine nennenswerte militärische Ausrüstung. Dies traf sowohl für die nur spontan aus einfachen Siedlern zusammengesetzten Milizen, die sich nach Durchführung ihrer militärischen Aufgabe meist sofort wieder auflösten, wie auch für das unter George Washington gegründete »stehende Heer«, die »Kontinentalarmee«, zu. In einer direkten militärischen Konfrontation mit der britischen Armee wären die britischen Kolonisten völlig chancenlos gewesen und vermieden diese daher weitgehend. Vielmehr setzten sie auf eine Art »Verzögerungstaktik« und spielten dabei eher die Schwäche der britischen Armee aus, als dass sie durch eigene militärische Kraft Siege errungen hätten. Die britischen Soldaten hatten im Wesentlichen folgende Nachteile: Die britischen Kolonien erstreckten sich über ein riesiges Territorium. Um in diesem Territorium konstruktiv Staatsgewalt gegen eine aufständische Bevölkerung durchsetzen zu können, hätte erneut eine gewaltige Anzahl zusätzlicher Soldaten nach Nordamerika verlegt werden müssen. Die Versorgung dieser riesigen Truppenverbände hätte ein weiteres Problem dargestellt. Da England bereits nach Ende des »French and Indian War« im Jahr 1763 enorme finanzielle Defizite in der Staatskasse hatte (vgl. ausführlich S. 79 ff.), wären diese Maßnahmen wirtschaftlich nicht zu bewältigen gewesen. Allein die Kriegsanleihen für die tatsächlich stattgefundenen militärischen Aktionen der britischen Regierung in den Kolonien während des amerikanischen Unabhängigkeitskrieges verdoppelten die Staatsverschuldung Englands erneut. Weiterhin verfügten die britischen Truppen nur sehr bedingt über konkrete Ortskenntnisse in den Kolonien, was die Sicherung der ohnehin bereits sehr langen Versorgungslinien von der Atlantikküste aus in das Landesinnere zusätzlich erschwerte.

Neben durchaus gewaltsamen »Guerilla-Angriffen«, die von den amerikanischen Milizen v.a. aus dem Hinterhalt mit großer Brutalität und Kaltblütigkeit durchgeführt wurden, kam es aber durch die amerikanischen Siedler selbst kaum zu entscheidenden militärischen Auseinandersetzung, die im Sinne einer *Revolution* zu tiefgreifenden Veränderungen der gesellschaftlichen Verhältnisse hätten führen können. Selbst die im Nachhinein für das amerikanische Nationalbewusstsein mythologisierten Siege der Kontinentalarmee bei Trenton in New Jersey am 26. Dezember 1776 (nach der von Emanuel Gottlieb Leutze in seinem berühmten Gemälde von 1851 veranschaulichten Überquerung des Flusses Delaware) und am 17. Oktober 1777 bei Saratoga führen in keiner Weise direkt zu militärisch nennenswerten Entscheidung, aber sie verzögerten den Krieg und trugen somit letztlich indirekt zur wahrscheinlich entscheidenden Wende im Krieg bei: Der Eintritt Frankreichs auf der Seite der Amerikaner in den Unabhängigkeitskrieg. Möchte man jedoch beurteilen, inwiefern der Einsatz von Gewalt und die Kontrolle des öffentlichen Raumes als ein Kriterium für Revolution im amerikanischen Unabhängigkeitskrieg nachzuweisen ist, sollte zunächst in den Blick genommen werden, mit welcher Motivation und Zielsetzung die Franzosen als kriegsentscheidende Militärmacht in diese Auseinandersetzung in Nordamerika eingriffen: Zum einen lässt sich für einen Teil der französischen Gesellschaft (v.a. des Bürgertums) eine intensive Sympathie für die Zielsetzungen der amerikanischen Unabhängigkeits- und Freiheitsbewegung feststellen, zumal diese nur einige Jahre später im Rahmen der Französischen Revolution (1789) auf Europa zurückwirken und eine ganze Reihe von revolutionären Bewegungen in verschiedenen europäischen Ländern anstießen. Die verbindliche Entscheidung für einen Kriegseintritt Frankreichs konnte jedoch Ende der 1770er Jahre lediglich der Königshof treffen. Nach sehr zögerlichen und zähen Gesprächen mit amerikanischen Gesandten (u.a. Benjamin Franklin) konnte der französische König davon überzeugt werden, in den Krieg mit einzusteigen. Die Hauptmotivation des französischen Königs dürfte dabei wohl kaum die Unterstützung der amerikanischen Freiheitsbewegung gewesen sein, als vielmehr die militärische Schwächung des europäischen Erzrivalen England. Und tatsächlich gelang es v.a. durch den strategischen Einsatz der französischen Flotte die Versorgungslinien der Briten entscheidend zu unterbrechen und in der Schlacht bei Yorktown im Oktober 1781 einen wichtigen militärischen Sieg davonzutragen. New York und andere strategisch wichtige Punkte blieben jedoch in britischer Hand. Für den Beginn der Friedensverhandlungen entscheidend, war schließlich der Widerstand des britischen Parlamentes, welches den Plänen des britischen Königs Georg III. zur Weiterführung des Krieges nicht mehr folgte und diese aufgrund der erneut immens gestiegenen Staatsverschuldung für nicht mehr finanzierbar hielt. Im Friedensvertrag von Versailles am 3. September 1783 erkannte England die Souveränität der 13 Kolonien an.

Schnelle und tiefgreifende Veränderungsprozesse durch die Entstehung grundlegend neuer Strukturen (z.B. Schaffung neuer Institutionen, Ämter und gesellschaftlicher Denk- und Handlungsweisen). Um ihren gemeinsamen Protest gegen die Maßnahmen der britischen Regierung planen zu können, organisierte sich die wirtschaftliche und politische Elite der einzelnen Kolonien erstmal in ihrer Geschichte in kolonieübergreifenden Versammlungen. Damit war ein erster wesentlicher Schritt in Richtung kolonialer Einheit, welche im späteren Unabhängigkeitskrieg von zentraler Bedeutung war, getan. So bildete sich bspw. in Boston als Reaktion auf das »Zuckergesetz« die »Society of Encouraging Trade and Commerce«. Im Rahmen dieser neuen Organisation wurden entsprechende Stellungnahmen und Vorschläge zur bestehenden Situation der Händler und Gewerbetreibenden in den britischen Kolonien formuliert.

Nach Vorbild dieser Organisation in Boston entstanden auch bald in weiteren Kolonien entsprechende Organe, die dann auch eine über die Koloniegrenzen hinwegreichende Zusammenarbeit aufnahmen (»Commitees of Correspondence«). So fand bereits als Reaktion auf das »Stempelsteuergesetz« vom 7. bis 25. Oktober 1765 in New York der »Stamp Act Congress« statt, welcher das erste Treffen von mehreren Vertretern der britischen Kolonien darstellte, um einen gemeinsamen Protest gegen die britische Regierung zu organisieren. Das einheitliche und systematische Vorgehen der Kolonisten hatte großen Erfolg: Der institutionelle Charakter des »Stamp Act Congress«, der sich möglicherweise als wirksame legislative Gewalt in den britischen Kolonien etablieren könnte, besorgte die britische Regierung sehr. Um der Organisation ihre gemeinsame Zielsetzung und damit den Zusammenhalt zu nehmen, hob die britische Regierung 1766 das »Stempelsteuergesetz« wieder auf. Jedoch erfolgte zugleich die Verabschiedung des »Declaratory Acts«, eines Gesetzes, welches in allgemeiner Weise festsetzte, dass die britische Regierung in London Gesetze erlassen könne, die auch für die britischen Kolonien in Nordamerika »in allen Fällen« verbindlich seien.

Die darauf folgenden Steuergesetze der britischen Regierung (u.a. »Townshend Acts« 1767; »Tea Act«1773) führten in oben beschriebener Weise zu einer weiteren Radikalisierung der Protestbewegung und fanden vorerst in der »Boston Tea Party« (Dezember 1773) ihren Höhepunkt. Anders als im Jahr 1766 reagierte die britische Regierung in dieser Situation nicht mehr mit deeskalierender Nachsicht, sondern mit äußerster Härte, um die revolutionäre Situation in den britischen Kolonien wieder unter Kontrolle zu bekommen. Aufgrund der hohen finanziellen Verluste durch die Protestaktionen in den britischen Kolonien stimmten nun auch die eher gemäßigten Abgeordneten des britischen Parlaments in London für den Einsatz des Militärs, um die Protestbewegung der britischen Kolonisten in Nordamerika endgültig zu beenden und die britischen Kolonien verbindlich in gewünschter Weise in das Wirtschaftssystem des britischen Königreiches einbinden zu können. Daraufhin beschloss das britische Parlament im März 1774 die »Coercive Acts« (»Zwangsgesetze«), die von den Kolonisten aufgrund ihrer Härte auch als »Intolerable Acts« (»Unerträgliche Gesetze«) bezeichnet wurden. Die »Coercive Acts« können weiterhin als Maßnahmen im Rahmen von *Reform*bemühungen der britischen Regierung in den britischen Kolonien gewertet werden, führten aber zu einer völligen Eskalation der Krisensituation in den britischen Kolonien, da sie aufgrund ihrer Härte punktuell tatsächlich zu einer akuten existenziellen Bedrohung von einzelnen Gruppen der Kolonisten führten. Relativierend im Vergleich zu anderen Revolutionen muss jedoch angemerkt werden, dass weder die »Coercive Acts« noch andere Maßnahmen der britischen Regierung zu einer massiven Armut oder Verelendung großer Teile des gesellschaftlichen Mittelstandes in den britischen Kolonien geführt hatte. Anders als bspw. im europäischen Spätmittelalter, in dem die »Kleine Eiszeit« und weitere Naturkatastrophen über Jahre hinweg die Ernten als Haupteinnahmequelle der Bauern zu Nichte machten, hätte ein Einlenken der britischen Kolonisten sicherlich zu einer umgehenden Aufhebung der »Coercive Acts« und lediglich zu einer für die Kolonisten zwar ungewohnten, aber insgesamt moderaten Besteuerung durch die britische Regierung geführt. Im Wesentlichen sahen die »Coercive Acts« u.a. folgende Maßnahmen vor:

- Die völlige Stilllegung des Bostoner Hafens, welcher einen Hauptumschlagsplatz und somit eines der Zentren des Wirtschaftslebens in den britischen Kolonien darstellte, bis zur Begleichung des durch die »Boston Tea Party« entstandenen Schadens. (→ Revolution: massive *existenzielle Bedrohung* v.a. des *gesellschaftlichen Mittelstandes* im *Bereich Wirtschaft*)

- sämtlichen politischen Organisationen in den britischen Kolonien sollte das Recht der Selbstverwaltung entzogen werden und sie sollten der direkten Kontrolle der britischen Regierung (meist vertreten durch den in seinen Kompetenzen nun deutlich einflussreicheren Gouverneur) unterstellt werden. (→ Revolution: massive *existenzielle Bedrohung* v.a. des *gesellschaftlichen Mittelstandes* im Bereich *Politik*; daher auch: → Krise: *Komplexität*).

- deutliche Aufstockung der Truppen der britischen Regierung (auf Kosten der britischen Kolonisten), um die beschlossenen Maßnahmen in den britischen Kolonien, wenn nötig auch mit militärischem Nachdruck, durchsetzen zu können.

Auf diese Maßnahmen der britischen Regierung reagierten die britischen Kolonisten mit entsprechenden Gegenmaßnahmen, die als Beginn der »Amerikanischen *Revolution*« angesehen werden können: Vom 5. September bis zum 26. Oktober 1774 trat in Philadelphia der erste Kontinentalkongress zusammen. Damit bestand ausgehend von den »Commitees of Correspondence« (siehe oben) erstmals in ihrer Geschichte ein einheitliches politisches Organ aller britischen Kolonien in Nordamerika, welches in den folgenden Jahren anstelle des britischen Parlaments als eine Art provisorische Regierung in gewohnter Eigenverantwortung die Kontrolle und Verwaltung der Kolonien übernahm.

Auch mit Hinblick auf das Revolutions-Kriterium »schnelle und tiefgreifende Veränderungsprozesse durch die Entstehung grundlegend neuer Strukturen (z.B. Schaffung neuer Institutionen, Ämter und gesellschaftlicher Denk- und Handlungsweisen)« melden einige Historiker Kritik daran an, die amerikanische Unabhängigkeitsbewegung als »Revolution« zu charakterisieren. Dabei stehen u.a. folgende Ereignisse und Prozesse im Fokus:

- Die von den britischen Siedlern in Nordamerika kritisierten gesellschaftlichen Verhältnisse (v.a. das autoritäre Eingreifen der englischen Regierung) bestanden im Prinzip seit Gründung der Kolonien. Jedoch nahmen die früheren englischen Könige und Regierungen in der Phase der »Salutary neglect« diese Rechte und Möglichkeiten kaum in Anspruch. Nach dem Ende des »French and Indian War« ab etwa 1763 änderte sich diese Situation maßgeblich. Die britischen Siedler in Nordamerika beabsichtigten daher zunächst lediglich eine Wiederherstellung der »alten Verhältnisse« (v.a. Privilegien und Sonderrechte) und nicht die »Schaffung völlig neuer gesellschaftlicher Verhältnisse«.

- Die Entstehung der Institutionen (z.B. Kontinentalkongress) und gesellschaftlichen Denk-und Handlungsweisen (z.B. Legitimation von Herrschaft, Teilhabe des Volkes an Herrschaft usw.) im

Rahmen der amerikanischen Unabhängigkeitsbewegung fand unter direkten Einfluss des politischen *Modernisierung*sprozesses in Europa und v.a. im britischen Mutterland statt. Es handelte sich daher zunächst nicht um die Schaffung strukturell völlig neuer gesellschaftlicher Verhältnisse, sondern lediglich um die Schaffung eigener, eng an die britischen Verhältnisse angelehnter Institutionen sowie Denk- und Handlungsweisen, um so den Versuch einer Loslösung und Verselbstständigung vom britischen Mutterland durchführen zu können. Letztlich führte dieser Prozess aufgrund der individuellen Umstände in den britischen Kolonien zu einer deutlich intensiveren Demokratisierung der Gesellschaft und damit schließlich doch zur Schaffung einer neuen Verfassungsform (vgl. ausführlich S. 105 ff.)

Akademische Elite als Wegbereiter der revolutionären Bewegung. Ausgangspunkt für die politischen Ideen und Zielsetzungen, die schließlich in den 1770er und 1780er Jahren in den britischen Kolonien in Nordamerika zur Entstehung der ersten demokratischen Gesellschaftsordnung führten, sind die Werke bedeutender europäischer Staatstheoretiker- und Philosophen, die stark von der sich zu dieser Zeit bereits in Europa etablierten protestantischen Lehre beeinflusst wurden: Neben u.a. Thomas Hobbes (1588-1679), Jean-Jacques Rousseau (1712-1778) und Montesquieu (1689-1755) legte in erster Linie John Locke (1632-1704) in seinen Schriften die zentralen Ideen und Lehren vor, welche erstmals die protestantisch-calvinistischen Lehren in einer konkreten Staatstheorie wiedergaben. John Locke – 1632 während der Herrschaft des Stuartkönigs Karl I. (1625-1649) in England geboren – erlebte also von Jugend an sehr intensiv die politischen Konflikte in der »heißen Phase« der Etablierung des englischen Parlamentarismus mit – zumal sein Vater sogar während des englischen Bürgerkrieges auf der Seite der Parlamentarier gegen den König kämpfte. John Lockes Eltern waren Puritaner und erzogen ihren Sohn entsprechender reformatorisch-calvinistischen Lehre. Vor allem die demokratischen Strukturen des reformatorisch-calvinistischen Kirchensystems, welches sich v.a. durch das Gleichheitsideal von Geistlichen und einfachen Laien einerseits und durch die Einbeziehung der gesamten Kirchengemeinde durch die Wahl von Vertretern andererseits auszeichnete, wirkten nachhaltig auf Lockes politische Theorien. Er studierte ab 1652 an der Universität Oxford »Klassische Altertumswissenschaften« und beschäftigte sich dabei intensiv mit den klassischen lateinischen und griechischen Werken der Antike v.a. zur Rhetorik, Philosophie und Ethik. In dieser Zeit dürfte er sich auch ausführlichen mit der Philosophie des Neuplatonismus und den daraus entstandenen politischen und religiösen Lehren seines Zeitalters beschäftigt haben. Lockes politisches Hauptwerk »Two treatises of Government« (»Zwei Abhandlungen über die Regierung«) von 1689 entstand unter direktem Einfluss der »Glorious Revolution« (1688) und der Verabschiedung der »Bill of Rights« (1689) in England. Die Hauptaussagen dieses Werkes sind klar der protestantisch-calvinistischen Lehre zuzuordnen:

- Volkssouveränität: Die Vergabe und ggf. der Entzug von Regierungsverantwortung erfolgt durch das Volk.

- Gewaltenteilung: Zum Schutz des Volkes vor Willkür und Ungerechtigkeit durch die Regierung erfolgt die Kontrolle und Einschränkung von Herrschaft: Lockes betont dabei, dass die Aufgabe einer Regierung nicht nur darin besteht, das Leben des Volkes zu schützen (vgl. Pflichten eines *traditionalen* Königs, S.?), sondern es zu ermöglichen, Freude am eigenen Leben entwickeln zu können (»to subsist and enjoy the conveniences of life«; I 97). Damit bereitete Lockes einen zentralen Aspekt der amerikanischen Unabhängigkeitserklärung von 1776 vor

- Ein Volk hat das Recht, bei Nichteinhaltung des »Naturrechts« gegen die Regierung vorzugehen und braucht dafür Freiheitsrechte:

- Gleichheit aller Menschen vor Gott: Locke betont dabei eine konsequente Einhaltung des Gleichheitsideals – auch zwischen Mann und Frau.

Über die Werke John Lockes, aber auch anderer Staatstheoretiker wurde in den britischen Kolonien in Nordamerika intensiv diskutiert: in Debattier-Salons, bei öffentlichen Reden oder in Form von Thesenpapieren und Pamphleten. Schließlich schlugen sich Lockes Gedanken auch in den ersten »provisorischen« Regierungsorganen, wie den »Comitees of Correspondence« oder den »Kontinentalkongressen« nieder. Es verwundert daher kaum, dass die erste Passage der u.a. von Thomas Jefferson verfassten amerikanischen Unabhängigkeitserklärung selbst im Wortlaut einen direkten Bezug zu John Locke aufweist. Aber auch in Kreisen der weniger gebildeten Bevölkerung wurden die Ideen John Lockes formuliert und u.a. mittels Bildsprache in Karikaturen oder auf niedrigem intellektuellen Niveau, z.B. im »Common Sense« von Thomas Paine (1737-1809), mit einfacher Sprache verständlich gemacht. Als dann nach dem Ende des »French and Indian War« im Jahr 1763 v.a. durch die Einführung verschiedener Steuergesetze durch die britische Regierung der gesellschaftliche Mittelstand zunehmend existenzielle Bedrohungen (v.a. wirtschaftlicher Art) erfuhr, konnte er zu großen Teilen für die revolutionäre Bewegung gewonnen werden.

Aktivierung der breiten Öffentlichkeit und gesellschaftlichen Mittelschicht als entscheidender Träger der Revolutionären Idee. Obwohl sich sowohl große Teile der gesellschaftlichen Mittelschicht in den britischen Kolonien durch den intensiven Einsatz von Medien und Propaganda, wie auch große Teile der gesellschaftlichen Oberschicht im Rahmen der »Comitees of Correspondence« und des »Ersten« und »Zweiten Kontinentalkongresses« in die politische Debatte um die Unabhängigkeitsbewegung der britischen Kolonien einbrachten, darf nicht davon ausgegangen werden, dass zu jeder Zeit alle Kolonisten uneingeschränkt für den Kampf um die Unabhängigkeit vom britischen Mutterland gestimmt hätten. Dabei muss die politische und wirtschaftliche Situation der Kolonisten differenziert betrachtet werden. Zum einen gab es die Gruppe der »Loyalisten«, die sich eng an das britische Königreich gebunden fühlten und eine weitere Eskalation der Spannungen mit dem britischen Mutterland unterbinden wollten. Es gibt keine belastbaren Quellen, die Auskunft über die Größe dieser Gruppe liefern. Geschichtswissenschaftler gehen davon aus, dass etwa 20% der Bevölkerung in den britischen Kolonien »Loyalisten« waren. Die Gründe für ihre politische Haltung waren unterschiedlich: Einige beurteilten die Chancen der Kolonialarmee bei einer militärischen Auseinandersetzung mit den deutlich erfahrenen und besser ausgerüsteten Truppen des britischen Mutterlandes als nahezu aussichtlos und fürchteten nach einer militärischen Unterwerfung der britischen Kolonien noch deutlich härtere Maßnahmen seitens der britischen Regierung. Andere in der Nähe des »Frontiers« (westliche Siedlungsgrenze zu den Gebieten der indigenen Bevölkerung) siedelnde britische Kolonisten erlebten in ihrem durch häufige Indianer-Angriffe bestimmten Alltag, wie wichtig der Schutz und die militärische Unterstützung durch das britische Mutterland für das Überleben in bestimmten Teilen der Kolonien war. Sie erachteten daher die zusätzlichen Aufwendungen – z.B. aufgrund des »Quartering Acts« – als mehr oder weniger gerechtfertigt bzw. nahmen nicht so großen Anstoß daran, als dass sie die Unabhängigkeitsbewegung unterstützt hätten. Einige der »Loyalisten« machten sogar gegen die Unabhängigkeitsbewegung mobil und stellten ihrerseits Milizen auf, um die Truppen des britischen Mutterlandes in den Kolonien zu unterstützen. Sie stellten sich damit gegen die sogenannten »Patrioten«, die aus bereits ausführlich dargelegten Gründen die Auseinandersetzung mit dem britischen Mutterland suchten. Insgesamt gelang es jedoch einen großen Teil der gesellschaftlichen Mittelschicht in den britischen Kolonien für die Ideen und Zielsetzungen der amerikanischen Unabhängigkeitsbewegung zu gewinnen.

3.3.2. Das Ergebnis der »Amerikanischen Revolution« – Das Musterbeispiel einer *modernen* Gesellschaft?

Um den *Modernisierung*sgrad der amerikanischen Gesellschaft in den 1780er Jahren bewerten zu können, soll zunächst noch einmal festgehalten werden, zu welchen Ergebnissen der gesellschaftliche *Modernisierung*sprozess in Europa bisher geführt hatte:

In Europa hatte bis zum Beginn der französischen Revolution 1789 England die Vorreiterrolle hinsichtlich der politischen *Modernisierung* inne. Seit der »Glorious Revolution« von 1688 und der Verabschiedung der »Bill of Rights« von 1689, hatte sich in England dauerhaft eine konstitutionelle Monarchie etabliert. Hierbei stand ein mit zahlreichen Kompetenzen ausgestattetes Parlament einem durch Erbmonarchie bestimmten König gegenüber, dessen Regierungsgewalt zwar noch maßgeblich war, auf diese Weise jedoch kontrolliert und eingeschränkt werden konnte.

Bis auf wenige Ausnahmen (z.B. Polen 1791: konstitutionelle Monarchie) bestanden im übrigen Europa auch weiterhin noch *traditionale* Verfassungsformen, meist als absolute Monarchien fort. Trotz der in den 1780er Jahren weit verbreiteten *modernen* protestantischen Lehre war es nicht gelungen, deren Ideale auch konkret auf Regierungsformen umzulegen. Nach dem brutal niedergeschlagenen *Revolution*sversuch im deutschen Bauernkrieg um 1525 unter Führung von Thomas Müntzer, hatte es im deutschen Reichsgebiet keine weiteren nennenswerte Versuche gegeben, um den politischen *Modernisierung*sprozess weiter voranzutreiben. Diese Bemühungen wurden erst zu Beginn des 19. Jhs. wieder aufgegriffen, als nach dem Untergang des Heiligen Römischen Reiches Deutscher Nation 1806 durch Napoleon, Errungenschaften der französischen Revolution nach Deutschland gebracht wurden und zum sogenannten »nationalen Erwachen« geführt hatten.

Sehr wohl waren aber die Ideen und Prinzipien der protestantisch – calvinistischen Lehre in den 1770er und 1780er Jahren bereits in eine politische Staatstheorie übertragen worden. Der Engländer John Locke hatte u.a. mit seiner Abhandlung »Two treatises of Government«

(»Zwei Abhandlungen über die Regierung«) von 1689 bereits ein Werk vorgelegt, welches die zentralen Kriterien für eine *moderne* Gesellschaft vorstellte (vgl. ausführlich S.74). In der amerikanischen Unabhängigkeitserklärung von 1776, die von den Schriften John Lockes sehr stark beeinflusst worden war, wird daher kein geringer Anspruch formuliert als diese von Locke zunächst nur theoretisch vorgestellten Kriterien einer *modernen* Gesellschaft erstmals in der Geschichte in die politische Praxis umzusetzen. Im Folgenden wird daher der Frage nachgegangen, inwieweit die Verfassung der Vereinigten Staaten von Amerika diesem Anspruch gerecht wurde und den staatstheoretischen Vorgaben entsprach:

Nach dem siegreichen Abschluss des Unabhängigkeitskrieges (1775-1783) und der damit errungenen Unabhängigkeit vom britischen Mutterland standen die britischen Kolonien vor einer weiteren nicht minder großen Herausforderung: Die Schaffung einer neuen Verfassung. Im Mai 1787 trat in Philadelphia ein Konvent mit 55 Delegierten aus 12 Staaten (zuvor Kolonien) zusammen. Im September 1787 lag ein erster Verfassungsentwurf vor. Dieser ging zurück an die einzelnen Staaten, um dort ratifiziert zu werden. Zum Jahresbeginn 1789 erfolgte schließlich die Verabschiedung der Verfassung und George Washington wurde zum ersten Präsidenten der Vereinigten Staaten von Amerika gewählt.

Gewaltenteilung:

- **Exekutive Gewalt: »Präsident«**

Das Amt des amerikanischen Präsidenten ist mit einer weitreichenden Machtfülle ausgestattet und stellt damit eine starke Zentralgewalt dar (→ *traditional*: monarchistische Züge), um mit Blick auf die innenpolitischen Spannungen zwischen den einzelnen Staaten in Krisensituation handlungsfähig zu bleiben. Damit orientiert sich das Amt des amerikanischen Präsidenten an der Position des englischen Königs. Zu den wesentlichen Machtkompetenzen des amerikanischen Präsidenten zählen:

1. Oberbefehlshaber über die amerikanischen Streitkräfte

2. Staatsoberhaupt und Regierungschef:

- Er ernennt Minister, Bundesbeamte, Richter im Bundesgerichtshof und am Obersten Gerichtshof.

- Er kann selbstständig Gesetzesentwürfe vorlegen.

- Er unterhält die Beziehungen zu anderen Ländern und handelt z.B. Verträge aus

- Er besitzt ein Veto-Recht, um die Gesetzesvorschläge des Kongresses zu stoppen. Der Gesetzesvorschlag muss nach einem Veto des amerikanischen Präsidenten mit mindestens einer 2/3 Mehrheit in jeweils beiden Kammern des Kongresses verabschiedet werden. Der Präsident hat damit einen erheblichen Einfluss auf die legislative Gewalt im Staat.

Um jedoch den *modernen*, protestantisch-calvinistischen Maßgaben der amerikanischen Unabhängigkeitserklärung gerecht zu werden und das Volk vor der Willkür und Unterdrückung durch einen möglicherweise ungerechten Regenten zu schützen, muss sich der amerikanische Präsident diese oben genannten Kompetenzen mit anderen Staatsgewalten teilen (Prinzip der »checks and balance«).

1. Der amerikanische Präsident ist zwar der Oberbefehlshaber über die amerikanischen Streitkräfte, dennoch oblag die Entscheidung über Krieg und Frieden (z.B. Mobilmachung der Truppen, Friedensverhandlungen führen usw.) dem Kongress.

2. Der amerikanische Präsident ist zwar Staatsoberhaupt und Regierungschef, dennoch ...

- ...muss die Ernennung der Minister, Bundesbeamten und Richter am Bundesgerichtshof und am Obersten Gerichtshof durch den Senat bestätigt werden.

- ...müssen alle außenpolitischen Aktionen (z.B. Verträge) durch den Senat bestätigt werden.

- ... können die durch ihn vorgelegten Gesetzesentwürfe durch einfachen Mehrheitsbeschluss im Kongress aufgehoben werden.

- ... kann der Kongress bei schweren Vergehen des Präsidenten gegen das Volk oder die Verfassung ein Amtsenthebungsverfahren gegen den Präsidenten in Gang setzen (»impeachment«) und ihm auf diesen Weg die Regierungsgewalt entziehen.

Weitere Prinzipien schränken die Macht des Präsidenten ein:

- Das Präsidentenamt ist anders als das Amt des britischen Königs nicht erblich, sondern wird durch eine Wahl besetzt: Dabei wählen die durch die jeweiligen Staaten bestellten Wahlmänner in freier Wahl den Präsidenten.

- Das Präsidentenamt wird anders als beim Amt des britischen Königs nicht auf Lebenszeit vergeben, sondern ist auf maximal zwei Regierungsperioden mit jeweils 4 Jahren begrenzt. Danach ist keine weitere Wiederwahl möglich.

- **Legislative Gewalt: »Kongress«**

Der Aufbau und die Funktionsweise des Kongresses orientieren sich am englischen Parlament. Das wird bereits an der Unterteilung des amerikanischen Kongresses in zwei Kammern, in das Repräsentantenhaus und den Senat, deutlich. Beide Teile wirken gleichberechtigt bei Gesetzgebungsverfahren. Die Abgeordneten des Repräsentantenhauses werden jeweils für zwei Jahre als Vertreter direkt aus dem Volk gewählt. Je größer ein Staat ist, desto mehr Abgeordnete kann er in das Repräsentantenhaus entsenden (→ *Gleichheitsideal*). Die Abgeordneten des Senats werden jeweils für sechs Jahre aus Vertretern gewählt, die bereits in den jeweiligen Staatsparlamenten tätig sind (→ *Volkssouveränität*). Die Hauptaufgabe des Kongresses als legislative Gewalt besteht selbstverständlich in der Erarbeitung und Verabschiedung von Gesetzen. Doch wie auch die exekutive Gewalt des Präsidenten durch das Prinzip von »checks and balances« zum Schutz des Volkes vor Willkür und Unterdrückung der Regierung Kontrolle und Einschränkung erfährt, wird auch die legislative Gewalt des Kongresses durch die Judikative (in Form des Obersten Gerichtshofes) und eben die Exekutive (in Form des Präsidenten) kontrolliert und eingeschränkt.

- **Judikative Gewalt: »Oberster Gerichtshof« (Supreme Court)**

Der Oberste Gerichtshof (Supreme Court) wurde zunächst mit sechs später mit neun Richtern besetzt, die ihr Amt auf Lebenszeit begleiten. Die zentrale Aufgabe des Obersten Gerichtshofes besteht darin, die Tätigkeiten der anderen Verfassungsorgane (v.a. des Kongresses und des Präsidenten) zu überwachen und zu prüfen, ob diese im Sinne der Verfassung zum Schutz und zum Wohl der amerikanischen Bevölkerung dienen. Um das Volk vor Willkür und Ungerechtigkeit zu schützen, verfügt der Oberste Gerichtshof über die Möglichkeit, ein Gesetz als ungültig zu erklären. Doch wie auch die exekutive Gewalt (in Form des Präsidenten) und die legislative Gewalt (in Form des Kongresses) durch das Prinzip von »checks and balances« kontrolliert und eingeschränkt werden, trifft dies auch für die judikative Gewalt (in Form des Obersten Gerichtshofes) zu: Der Kongress besitzt die Möglichkeit per Gesetz und nur in Übereinstimmung mit dem Präsidenten (wie oben beschrieben) die Staatsmacht des Bundesgerichtshofes für bestimmte Bereiche und Themen einzuschränken. Zudem kann nur der Präsident die Kandidaten für die Besetzung der Richterposten im Obersten Gerichtshof vorschlagen, die dann wiederum nur mit Zustimmung des Senats ernannt werden können.

Volkssouveränität und Gleichheitsideal:

Die Vergabe und ggf. auch der Entzug von Regierungsgewalt an die entsprechenden Institutionen (Kongress und Oberster Gerichtshof) und das Amt des Präsidenten erfolgt – wie bereits beschrieben – durch das Volk, jedoch muss man die Umsetzung dieses Kriteriums differenzierter betrachten:

Ähnlich wie im englischen Königreich war die Möglichkeit für politische Teilhabe in der amerikanischen Gesellschaft im 18. Jh. an ein Zensuswahlrecht gebunden. D.h. ausschließlich weiße und landbesitzende Männer besaßen das Wahlrecht, wodurch schätzungsweise mindestens 20% der weißen, männlichen Bevölkerung in den USA von politischer Teilhabe ausgeschlossen worden war. Das Zensuswahlrecht für die weiße Bevölkerung wurde erst 1830 aufgehoben. Frauen und ethnische Minderheiten (v.a. die indigene und afroamerikanische Bevölkerung) besaßen weiterhin kein Wahlrecht. Das Frauenwahlrecht wurde in den USA erst 1920 eingeführt. Die indigene Bevölkerung der USA erhielt erst 1924, die afroamerikanische Bevölkerung sogar erst 1964 ein vollumfängliches Wahlrecht. Die Kriterien »Volkssouveränität« und »Gleichheit« können daher zumindest für die Entstehungsphase und frühe Entwicklung der Verfassung der USA lediglich mit teils starken Einschränkungen nachgewiesen werden.

Freiheitsrechte und Gleichheitsideal:

Der Kongress erweiterte am 25.September 1789 in Form von zehn Zusatzartikeln die Verfassung der Vereinigten Staaten von Amerika und legte einen Katalog (»Bill of Rights«) vor, der zum Schutz des Volkes vor Willkür und Ungerechtigkeit durch die Regierung »unveräußerliche Grundrechte« festsetzte (→ *modern*: festgeschriebenes Recht). Diese Zusatzartikel orientierten sich an der britischen Tradition des Parlamentarismus und der in diesem Zusammenhang verabschiedeten »Bill of Rights« von 1689 und enthielten u.a. folgende Grundrechte: Rede-, Presse,- Petitionsfreiheit, Versammlungsfreiheit,

Freiheit der Person (keine ungerechtfertigter Freiheitsentzug durch z.B. Inhaftierung), Schutz der eigenen Wohnung und des Eigentums, Schutz vor zweifacher Anklage in einer Sache, Religionsfreiheit. Das gesetzliche Festschreiben der Religionsfreiheit stellte dabei jedoch einen zentralen Unterschied zu den Verhältnissen im englischen Königreich dar, indem sich die anglikanische Kirche als Staatskirche etabliert hatte.

Die durch die Sklaverei in Nordamerika geschaffene Rechtslosigkeit der afroamerikanischen Bevölkerung blieb trotz der »Bill of Rights« in den USA bestehen. Erst im Dezember 1865 schaffte der Kongress im Rahmen des 13. Zusatzartikels der amerikanischen Verfassung die Sklaverei ab. Eine Rechtsgleichheit gegenüber der weißen Bevölkerung war damit aber noch nicht erreicht. Dieser Prozess zog sich noch weit bis in die zweite Hälfte des 20. Jhs.

In ähnlicher Weise gestaltete sich auch die Rechtslage der indigenen Bevölkerung. Für diese ethnische Gruppe galt die »Bill of Rights« zunächst nicht. Auch hier konnte erst in der zweiten Hälfte des 20. Jhs. eine Rechtsgleichheit erzielt werden.

Der Autor

 Victor Woska studierte an der Martin-Luther-Universität Halle-Wittenberg Gymnasiales Lehramt für Latein und Geschichte.
Seit 2014 ist er als Gymnasiallehrer an einem niedersächsischen Gymnasium tätig und führt im Rahmen des gymnasialen Oberstufenunterrichts regelmäßig Geschichtskurse zum Abitur.